コンビニ フランチャイズは どこへ行く

本間重紀
山本晃正……編
岡田外司博

「地獄の商法」?
適正化への法規制が必要だ

花伝社

コンビニ・フランチャイズはどこへ行く

◆

目次

はじめに

一九七四年に東京の豊洲に第一号店を開店させた業界最大手のセブンイレブンの調査では、利用客は一九八三年には一〇代が全体の三九％で、四〇代以上が一五％でしたが、一九九九年には逆転し、二〇〇〇年には四〇代以上（二九％）が一〇代（一五％）の二倍近くを占めるに至っているとのことです（二〇〇一年二月二二日付「日経流通新聞」）。コンビニは若者のたまり場というイメージは完全に変わり、今やあらゆる年代の人々に「便利さ（＝コンビニエンス）」を提供する存在となっています。こうした人たちにとってコンビニは、いつも煌々と明かりをともした清潔そうな店舗イメージでしか脳裏に浮かぶことはないでしょう。

しかし現実はそのようなイメージと大きくかけ離れています。一九九七〜九八年頃の経済関係の雑誌には、例えば次のようなタイトルの特集記事や論説が連続するように掲載されました。「絶好調コンビニの病巣」（日経ビジネス九七年六月二三日）、「年中無休で働けど……コンビニ残酷物語」（週刊朝日九八年五月八―一五日）、「コンビニ『契約の地獄』」（財界展望九八年六月）、「フランチャイズの地獄」（週刊ダイヤモンド九八年六月二〇日）、「ＦＣはトラブルビジネスだ」（週刊東洋経済九八年六月二七日）、「カスミ集団訴訟が示すコンビニフランチャイズの『奴隷の契約』」（エコノミスト九八年九月一日）などなど……。

ここには「病巣」「残酷」「地獄」「奴隷」などのセンセーショナルな表現が踊っています。読者の耳目を引こうとする過激な表現はこうした雑誌の常ですが、コンビニ問題に限っては、決して

フランチャイズチェーンの推移

年	チェーン数	売上高(兆円)
75年	186	1.1
85年	587	4
95年	734	12.1
96年	755	13
97年	803	14.1
98年	809	15.1
99年	968	17
00年	1048	17.8

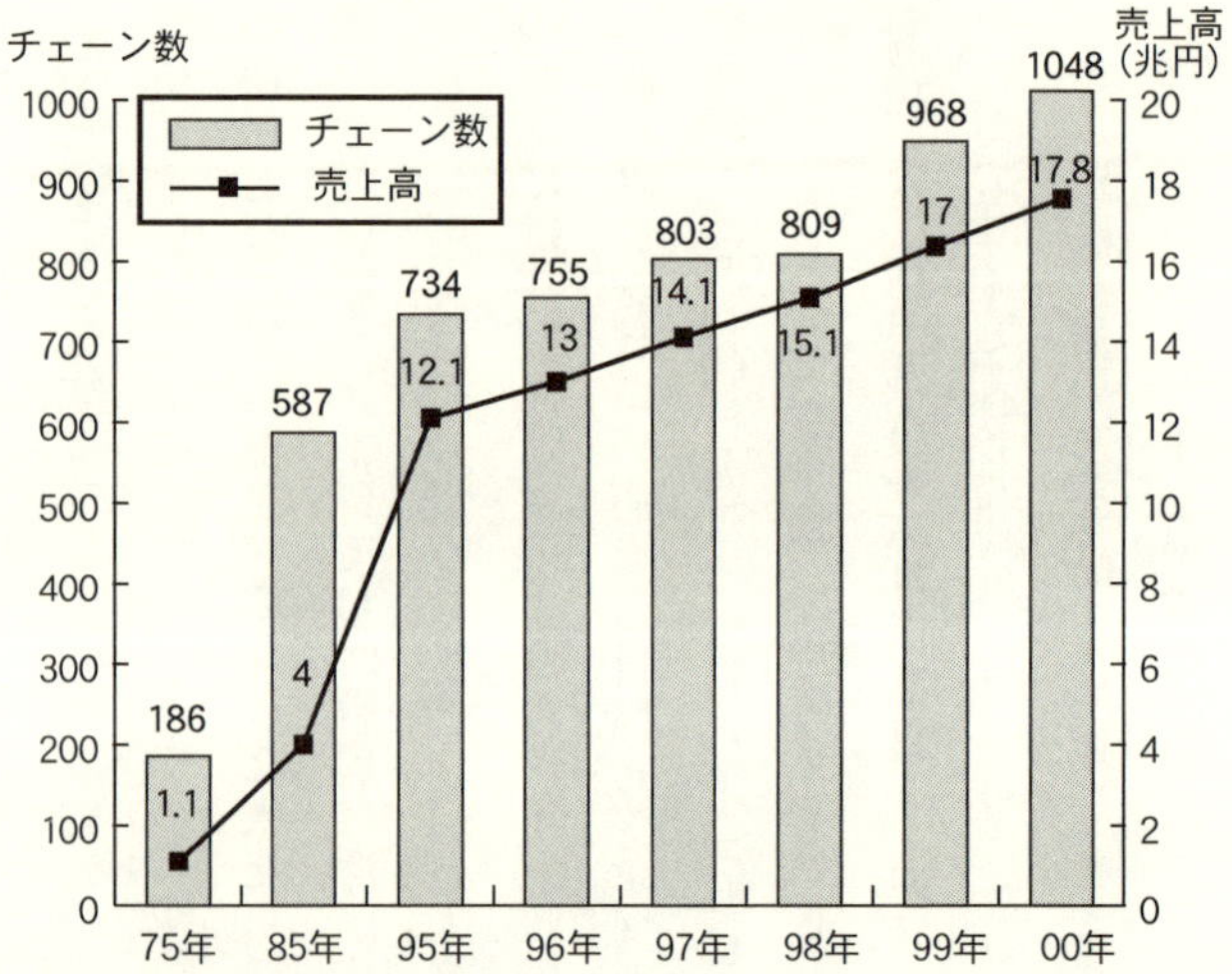

出典）日本フランチャイズチェーン協会の1998年度〜2000年度の『FC統計調査』より作成

誇張ではありません。それまで溜まりに溜まっていた問題が、噴き出した結果といえます。しかしこの頃指摘されたコンビニ問題のほとんどは、残念なことにまだ解決されることなく、今に至っています。

コンビニの明るく清潔な店舗の裏側で何が起こっているのか。コンビニの多くは本部とフランチャイズ契約を結んで出店した加盟店ですが、本部と加盟店との契約の実態はどのようなものなのか。それを明らかにするのが、このブックレットの第一の目的です。

目的の第二は、コンビニを典型とするフランチャイズ事業の急成長に関係しています。

日本フランチャイズチェーン協会の統計によれば、二〇〇〇年度（二〇〇一年三月末現在）のフランチャイズチェーンは、総数一〇四八チェーン、総店舗数二〇万一四九九店、売上高一七兆七五五八億円でした。過去のチェーン数と売上高の推移は上のグラフの通り（ただし九九年以降は調査方法が多少変更されている）ですが、これを見れば、フランチャイズという業態がいかに急成長を遂げてきたのかが分かるでしょう。

またその業種も、「ザ・フランチャイズ」というフランチャイズチェーンのデータベースでは、コンビニ、スーパー、ＤＩＹなど三六の小売業、ラーメン、ハンバーガー、喫茶店など一四の外食業、クリーニング、自動車整備、学習塾など三九のサービス業に分けられており、非常に多岐にわたります。

ところでこの一九九〇年代は「失われた一〇年」などと呼ばれ、バブル経済崩壊の結果として、北海道拓殖銀行の破綻や山一証券の廃業に象徴される深刻な金融危機が発生し、同時に激しい産業の再編やリストラが進行した時代でした。

そして現在、新世紀の二〇〇一年四月に、国民の大きな失望と激しい反発を招いて崩壊した森内閣の後を受けた小泉内閣は、銀行の保有する不良債権の最終的処理を通じた「構造改革」を強力に打ち出しています。今年の六月二八日に内閣府の研究会が公表した推計では、不良債権を二年以内に最終処理することに伴う倒産・企業整理で生ずる離職者の数は三八・八万人〜六〇・二万人に達するとのことです。ただしこの推計は主要一六行の破綻懸念先以下の既存分一二兆七千億円に限定されたものですから、地域金融機関の抱える不良債権や、新規発生分を考慮すれば、失業は優に一〇〇万人を超えるとの試算もあります。いずれにせよ、このままでは膨大な数の失業者の発生は不可避です。

実は成長著しいフランチャイズ事業は、こうした失業者の受け皿としての役割を期待されているのであり、そのことに私たちは大きな危惧を抱いています。例えば、少し前の話ですが、一九九九年九月に通産省（今の経済産業省）は、「ＦＣ（＝フランチャイズ）ビジネスは、不況下でも成長しつづけている数少ない業態であり、短期的な雇用創出効果も大きい」、「若手創業者がＦＣ形式でベンチャー企業を発展させている例も多い」などとして、積極的な支援に乗り出しました。そして「経済新生対策」の中の一つとして「フランチャイズ・チェーン・システムの普及促進」のための補正予算措置が講じられました。

もちろん支援することが悪いわけではありません。しかし先に述べたようなフランチャイズ加盟店の置かれた環境をそのままにして、膨大な失業者などをフランチャイズ予備軍として受け入れるとすれば、事態はますます悪化し、さらに深刻な被害が発生する危険があります。コンビニはフランチャイズ事業の「優等生」ですから、私たちはそのコンビニの問題を取り上げることで、警鐘を鳴らしたいと思ったのです。

目的の第三は、コンビニ問題を中心としたフランチャイズ問題解決を目指して、全国的横断的な加盟店の団体として一九九八年四月に結成された「コンビニ・ＦＣ加盟店全国協議会」からの現状報告によって、フランチャイズ本部に対して声を上げる加盟店が今何を求めているのかを知っていただくことです。

目的の第四は、フランチャイズ取引のあるべき姿を考える参考にするために、外国の法制度を紹介することです。他の国ではどんな対応をしているのかということは、日本の問題を考える上で役に立つと思います。

さらに第五の目的は、日本の法律上のルール化をどのようにすべきかについての提案を行なうことです。このブックレットを作る直接のきっかけは、実はこの目的にありました。コンビニを典型とするフランチャイズ取引を適正化するにはどのような法律的な手立てが作られるべきなのか、それを法律案要綱という形で最後に提案しています。

いま困難な中で営々と営業を続けている多くのコンビニ加盟店、あるいはコンビニ経営をやってみようかなと考えている加盟店希望の人たち、さらには日々コンビニを利用する人たちに、問題を考えていく手掛かりを提供できればと思っています。

（山本晃正）

I

コンビニはどうなっているのか？

山本晃正

一　コンビニは今……

急激な店舗拡大とそれを支えた多産多死

コンビニはこれまでどのように成長してきたのか、それを店舗数の推移で表わしたのが次のグラフです。これはＭＣＲ統計というコンビニの産業統計です。実査データではなく、サンプルの

コンビニ店舗数の推移

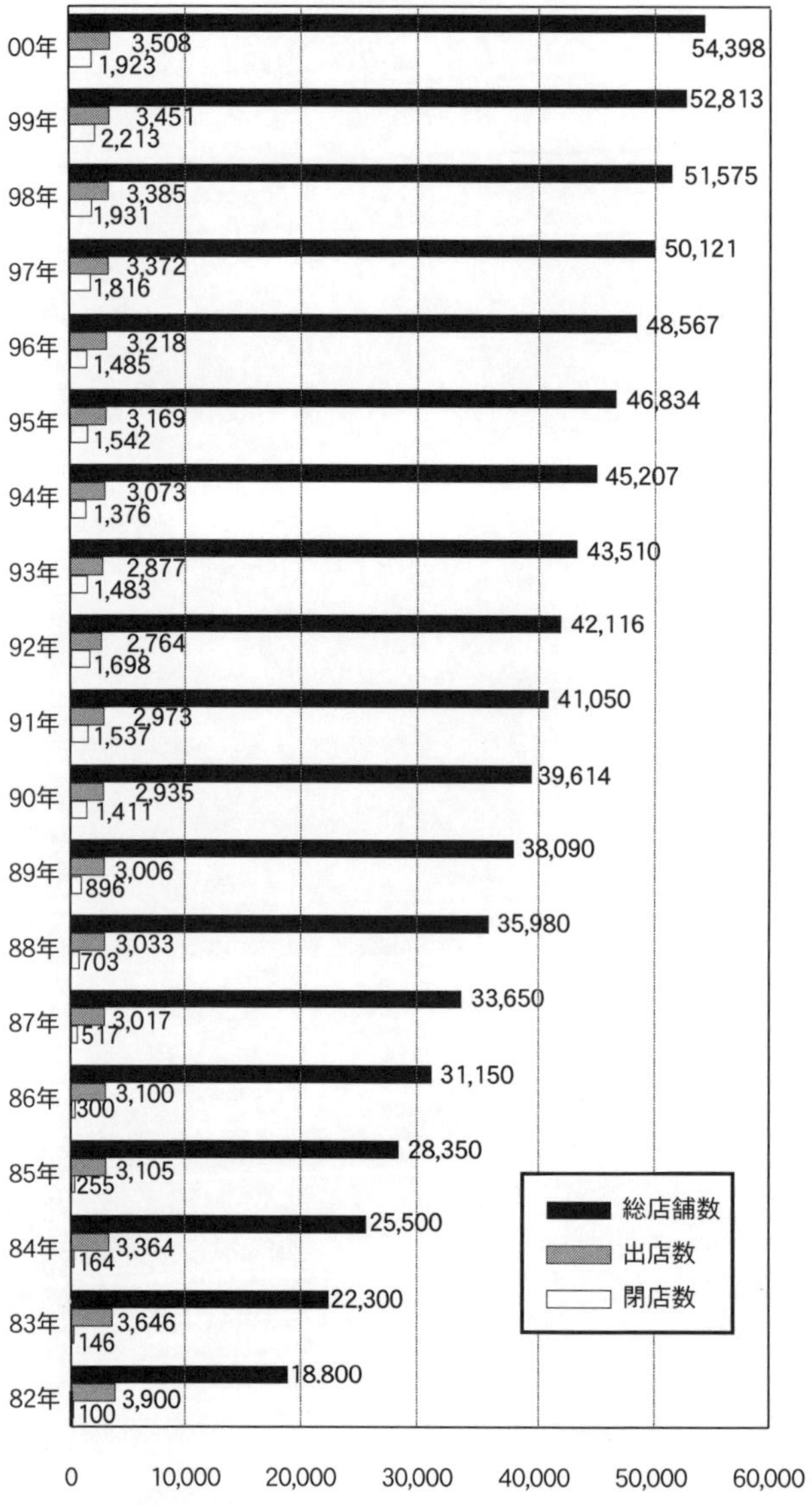

出典）『隔月刊コンビニ』2001年４月号174頁より作成

抽出による推計データですが、コンビニが急拡大した実態は充分に分かります。

一九九〇年～九三年というバブル崩壊期を除き、毎年三〇〇〇店を超える出店が行なわれ、一九九七年には五万店を突破し、二〇〇〇年には五万四三九八店と凄まじい勢いで拡大してきました。全国の町々でコンビニが次々と開店していった様子が、データ上も裏付けられています。

総店舗数の拡大も驚嘆に値しますが、注意して欲しいのは、出店数と閉店数の推移です。確かに毎年三〇〇〇店を超えるような出店が行なわれていますが、他方で、特に九〇年代以降は相当数の店舗が閉店しています。今、毎年の閉店数を出店数で割ったものを出退率として取り出し、下のようなグラフにしてみました。九〇年代はおおむね五割前後で推移し、特にバブル崩壊期の九二年には六一・四％、九九年には六四・一％まで高まりました。一〇〇店出店する一方で五〇店から六四店が閉鎖するというのは、まさに異常ともいえる数字です。本部の側は、この入れ替わりの激しさがコンビニ成長力の源だというかもしれません

コンビニの出退率

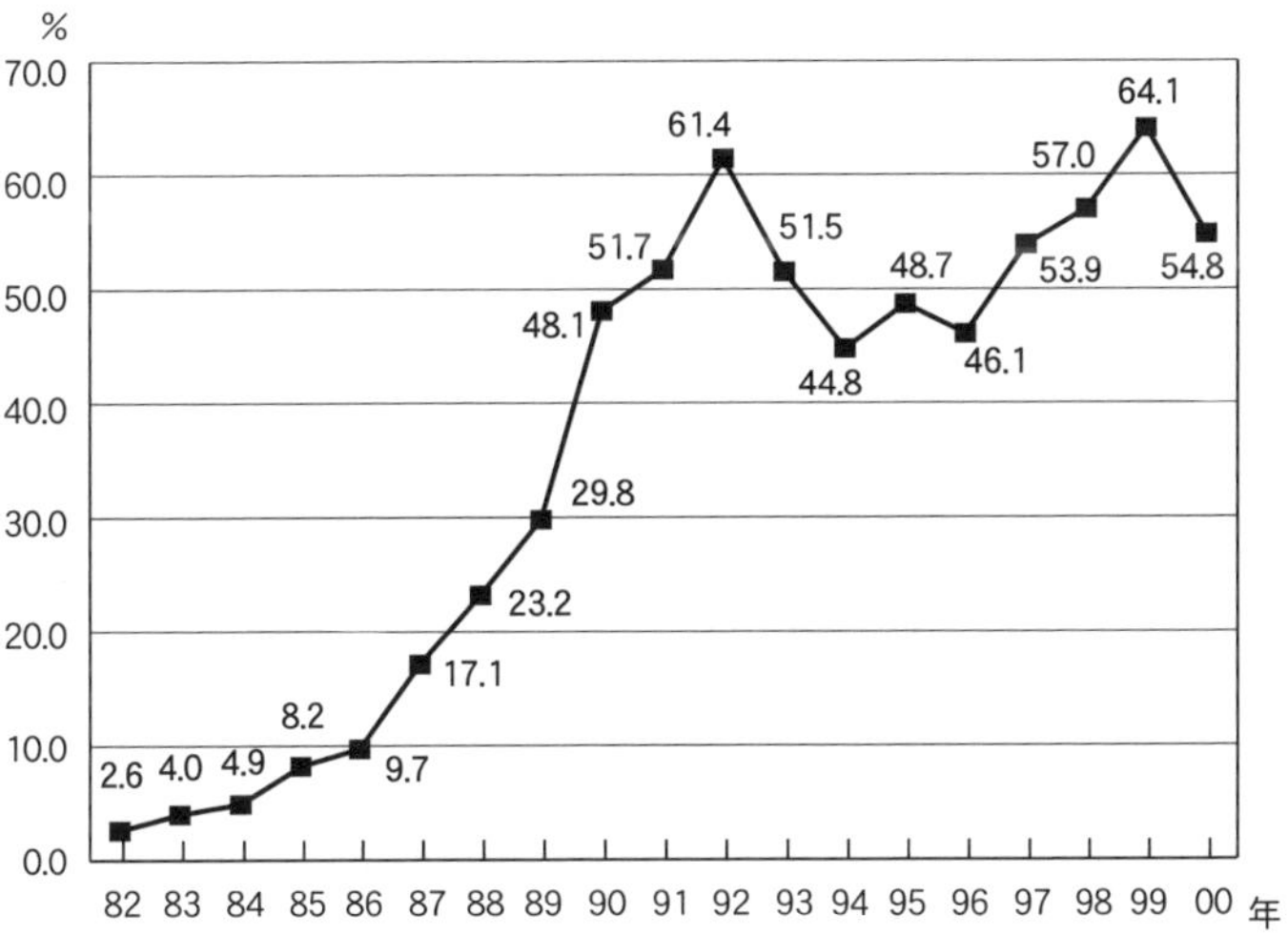

が、それを支えてきた加盟店の側からすれば、たまったものではないでしょう。まさしくコンビニの成長は「多産多死」、特に「多死」に支えられた成長だったのです。

飽和状態のコンビニ——一店当たり人口二〇〇〇人台前半へ

コンビニの母国アメリカでは、コンビニ一店当たりの人口が三〇〇〇人を下回ると飽和状態になるといわれてきました。しかし日本では、先のMCR統計によれば、すでに一九九三年時点で三〇〇〇人を下回り、二〇〇〇年には二三一四人になっているとされています。このままでは二〇〇〇人すら下回りかねない勢いです。もちろんアメリカと日本では国情も違いますから、単純な比較はできませんが、日本のコンビニが相当な飽和状態にあることだけは確かです。少なくとも都市部などでは完全な飽和状態といって良いでしょう。

ここに面白い資料があります。これもMCR統計の一部なのですが、「激戦地区増加の推移」と

コンビニ激戦地区増加の推移

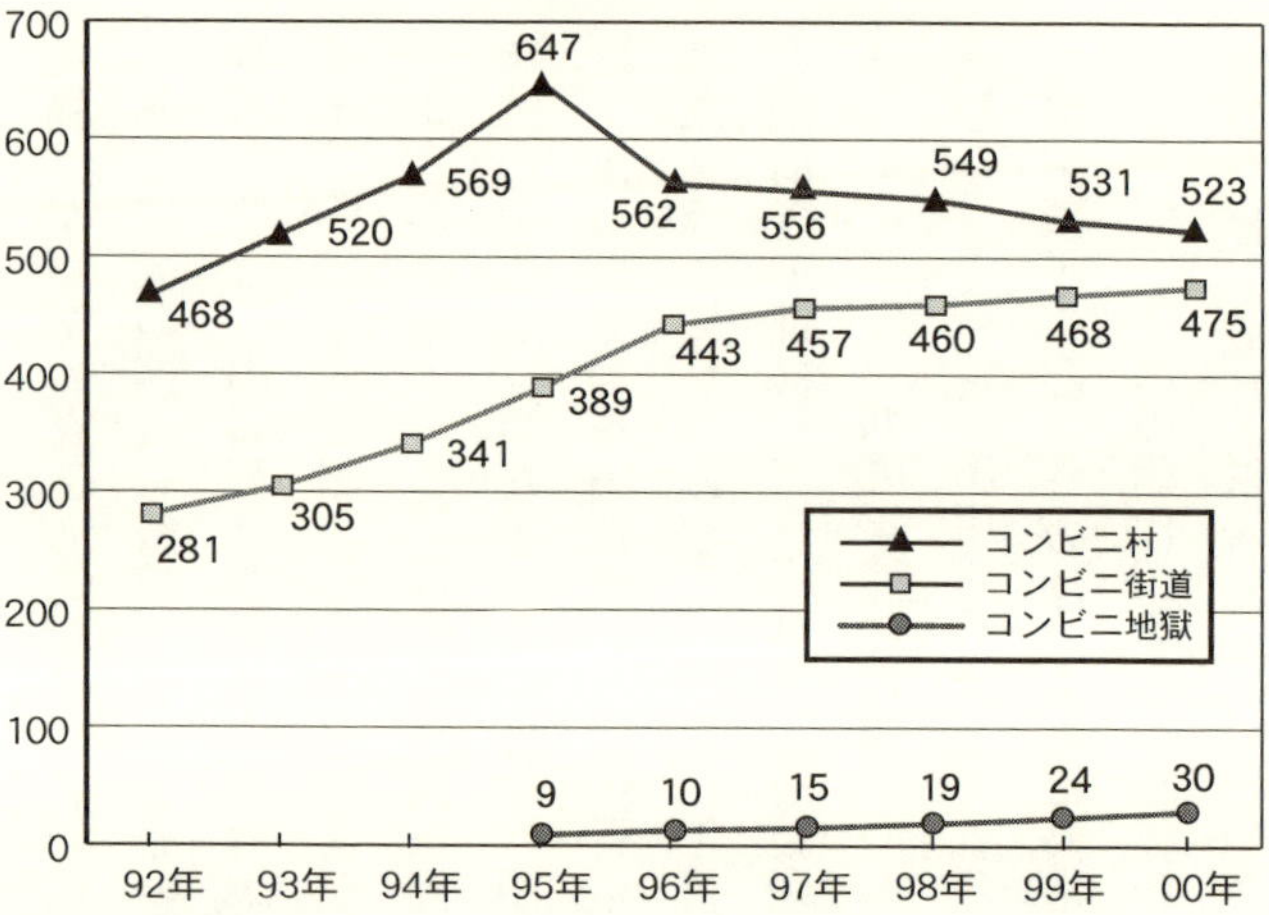

出典）『隔月刊コンビニ』2001年４月号187頁より作成

いう統計をグラフにしたものです。「コンビニ村」とは半径五〇〇メートルのエリアに競合七店以上の地区、「コンビニ街道」とはロードサイドの両側四キロメートルの間に競合一〇店以上の地区、「コンビニ地獄」とはエリア内一〇店以上の地区を表わします。これを見ると、最近になってコンビニ村での競合に敗れた店が撤退しつつあるものの、コンビニ街道やコンビニ地獄はかえって増えています。過剰な出店の一端を表わすものといえましょう。

大手チェーンの系列化と中小チェーンの整理・淘汰

このように飽和状態に達したコンビニでは、激しい競争の末に、「強いところが生き残り、弱いところは淘汰される」という冷厳な再編劇が進行しつつあります。

主な再編の推移を表わしたものが表Iです。そもそもコンビニはフランチャイズ契約の内容やシステムにそれぞれ一定の違いがありますから、コンビニ本部によるM＆A（合併や買収）は困難であるといわれてきました。しかし持株会社方式の解禁（それ自体、経済力の過度の集中が起き易くなりますから、好ましくありません）などにより、変わりつつあります。特に地方のコンビニチェーンが整理・淘汰されるとともに、大手チェーンの系列化が進行しているようです。

大手チェーンにまで及ぶ閉店・リストラの波

他方、すでに指摘したような激しい競争の結果による多くの閉店という事態は、大手チェーンにおいても例外ではありません。表IIは株式を上場している主要八チェーンの出店数と閉店数で

表Ⅰ　コンビニの主な再編

1989	＊ローソンがサンチェーンを合併
1993	＊カスミコンビニエンスネットワークスが沖縄スパー本部、首都圏地域スパー本部を合併
	＊ニコマートが事実上倒産
	＊ブルマートが am ／ pm に営業譲渡を発表。
	＊東北ニコマートが和議申請
1994	＊サンクスアンドアソシエイツを小野グループが吸収
	＊セブン‐イレブン・ジャパンがパンプキンの 6 店舗の営業権取得
1995	＊ファミリーマートがエリア会社の中部ファミリーマートを合併
1996	＊ローソンがエーアンドピーを子会社化
1998	＊伊藤忠商事がファミリーマートの株式29.7％を取得
	＊ポプラがハイリテイルシステムとパスコリテールの経営権取得
	＊サークルケイ・ジャパンとユニーがサンクスアンドアソシエイツの株式の51.0％を取得し子会社化
	＊山崎製パンがタイムリーに資本参加
	＊ファミリーマートがパンプキンの 27 店舗の営業権取得
1999	＊コトブキヤ・コンビニエンスシステムズ、九州地域スパー本部、リョーユーチェーンサポートシステムが持株会社「KCS」設立
2000	＊チコマートがショップアンドライフを買収
	＊「ジャストロール」を展開する北海道キオスクがサンクスアンドアソシエイツにフランチャイズチェーン加盟
	＊ファミリーマートがエリア会社の北陸ファミリーマートとアイ・ファミリーマートを吸収合併
	＊ココストアが KCS に資本参加
	＊サークルケイ、サンクスが持株会社方式による事業統合を発表
2001	＊ポプラがジャイロを買収
	＊ココストアがカスミコンビニ株式公開買い付けを発表
	＊サニーマートが「スパー」での新規出店を断念して、スリーエフとフランチャイズ契約締結
	＊ココストアが九州地域スパー本部とリックサポートシステムズの２社を100％子会社としている九州コンビニエンスシステムズ（持株会社）と、コトブキヤ・コンビニエンスシステムズを完全子会社化

出典）2001 年 3 月 22 日付『日経流通新聞』などにより作成

す。一九九八年と二〇〇〇年を比較したものですが、いずれのチェーンも閉店数とその割合が大きく上昇し、八チェーン合計では一五ポイント近くも上昇しています。

特にローソンでは、二〇〇〇年に七二五店を出店させましたが、閉店も過去最高の四二〇店に達しました。また、二〇〇一年二月二七日付「日本経済新聞」によれば、ファミリーマートは、国内五二〇〇店舗のうち、日販三〇万円以下の不採算店を中心に五〇〇店前後を二〇〇二年二月期に閉鎖し、同時に新規出店も四五〇店に抑え、来期末には大手で初めて総店舗数が約五〇店純減するとのことです。幹部は、「死に物狂いで店主の合意を取り付け、閉鎖を断行する」としており、これからも閉店・リストラの波が業界を覆うことになります。

表Ⅱ　上場コンビニ主要８チェーンの出店数と閉店数

	出店数（A）		閉店数（B）		B／A（%）	
	98年	00年	98年	00年	98年	00年
セブンイレブン	593	661	175	212	29.5	32.1
ローソン	537	725	170	420	31.7	57.9
ファミリーマート	307	440	151	223	49.2	50.7
サークルケイ	—	170	—	77	—	45.3
サンクス	190	200	39	78	20.5	39.0
ミニストップ	120	145	30	67	25.0	46.2
ポプラ	136	103	38	45	27.9	43.7
スリーエフ	41	35	11	11	26.8	31.4
8チェーン合計	1,924	2,479	614	1,133	31.9	45.7

出典）1998年は『2000年版コンビニエンスストア・VC名鑑』流通産業新聞社、2000年は2001年3月22日付「日経流通新聞」による。

EC（電子商取引）や金融サービス競争に進むコンビニ

もちろん再編・淘汰だけがコンビニ生き残りの方法ではありません。コンビニ本部は二一世紀での存続をかけて新しい戦略を展開しています。その一つが、コンビニ店頭の端末などを利用したECといわれるネット販売＝電子商取引の分野です。

例えば最大手のセブンイレブンでは「セブンドリーム・ドットコム」、ローソンでは「イーコンテクスト」「アイ・コンビニエンス」、ファミリーマートでは「ファミマ・ドット・コム」、サークルケイとサンクスでは「ときめきドットコム」などのEC会社を立ち上げました。各チェーンでのECの位置づけは異なりますが、ITを活用した新しい事業には、業種を超えて様々な企業が関心を寄せ、出資も行なっています。

もう一つの方向が、コンビニ店舗でのATM設置による出金・入金・振り込みなどの金融サービスの提供です。セブンイレブンは自ら、会社再編時に登録免許税などの税金をまけてくれる産業再生法の枠組みを利用し、国の認可を受けて「ＩＹバンク」という銀行を設立しました。二〇〇一年八月までに五都府県で一六五〇台のＡＴＭを設置し、五年後には全国七一五〇店に設置する予定です。他のコンビニでは、ａｍ／ｐｍは「＠ＢＡＮＫ」、ローソンは「ローソン・エイティエム・ネットワーク（仮称）」、ファミリーマート、サークルケイ、サンクス、ミニストップ、スリーエフ、コミュニティストア、ポプラ、デイリーヤマザキは「Ｅ―ｎｅｔ」という同種の金融サービスを多くの銀行と提携して提供しているか、今後計画しています。

いずれも集客効果を狙ったものですが、それ独自で利益を上げる方向が目指されているのは当然でしょう。

既存店の売上不振の常態化

こうした状況の中で、既存の加盟店の売上不振が常態化しています。二〇〇〇年一一月一六日付「日経流通新聞」は、「既存店売上高は九五年度に業界全体で初めてマイナスを記録して以来、好転する兆しは見えない」として、一二年間店舗開発と加盟店指導をした有力チェーンの元社員が、「借金を返済して毎月確実に利益を手にすることができる店主は全体の六割程度でしょう」と証言するのを紹介しています。ＭＣＲ統計でも、一店の平均日商は、営業日数と営業時間が伸びているにもかかわらず、一九九一年をピークにして連続して九年間、前年を割り込んでいます。

九〇年代が「コンビニ一人勝ち」の様相を呈していたのは、実はコンビニ本部のことであり、加盟店は決して安泰ではなく、多くの閉店と売上不振の常態化を招いていたのです。

二　コンビニ勧誘の落し穴

これまで「コンビニは今どうなっているのか」を中心に、話を進めてきました。成長著しいコンビニですが多産多死であり、特に最近では飽和状態から競争が激化し、加盟店は売上不振と閉店の危機にさらされていることが明らかです。しかしここで明らかにしたいコンビニ問題は、決してコンビニの市場が飽和状態にあることから生じたわけではありません。

コンビニには本部の直営店もありますが、多くは本部との間で契約を結んで出店する加盟店です。この契約はフランチャイズ契約といわれ、本部と加盟店がどのような義務を負い権利を持つのかを、詳細に定めています。チェーンによって様々な名称で呼ばれますが、ここでは「セブンイレブン契約書」「ローソン契約書」などと呼びます。実はコンビニ問題のほとんどは、このコンビニ契約にかかわって発生しています。

問題発生には二つの側面があります。一つは、加盟店が本部と契約するまでに生じる問題、つまり本部が契約締結を勧誘する場面で起こる問題です。二つめは契約の内容それ自体の問題です。契約では本部と加盟店が「対等平等」の関係にあるとうたわれるのですが、実際の両者の関係は、本部が一方的に有利になっているのではないかということです。

素人の多いコンビニオーナー

コンビニ経営を始める人たちの前身は様々です。コンビニ参入以前の業種別分布について、先のMCR統計によれば、二〇〇〇年時点で「酒食品店」三三・二％と「食料品店」二五・五％が多く、この両者で六割近くを占めます。次に多いのが「その他」一五・四％ですが、この過半数は脱サラからの参入です。これら以外では「菓子パン店」七・二％、「青果物店」六・八％などが続きます。ただし最新の調査では、二〇〇〇年度に出店したコンビニ店主の三六・九％がサラリーマンからの転身であり、脱サラ組が主流となっています（二〇〇一年七月二六日付「日経流通新聞」のコンビニエンスストア調査）。

脱サラ組がコンビニ経営の素人であることはいうまでもありませんが、そもそも何かの店を経営していた人たちは、コンビニ経営について玄人かというと、必ずしもそうとはいえません。三〇〇〇品目を超える多種類の取扱い商品もさることながら、受発注の方法、きわめて複雑な会計システム、細かい点にまで課されている加盟店の義務など、コンビニのシステムは多少の説明だけで理解できるものではありません。つまり何らかの事業についての元経営者であろうとも、コンビニ経営を希望する場合には素人同然というべきです。もしそうであるならば、加盟店希望者は消費者と似た立場にあることになります。

ところがほとんどのコンビニ契約では、加盟店は「独立した事業者」であり、本部と「対等平等」であるとされています。裁判になった場合も、裁判所は加盟店をそのように扱うことがほとんどです。しかし少なくとも加盟店希望者はいまだ事業者ではなく、コンビニ・フランチャイズ・システムという高価な商品を購入しようとしている消費者と見るべきです。この点をまず確認しておきたいと思います。

いいかげんな売上予測や費用見込みなどの提供——詐欺的勧誘

現在、ローソン、サークルケイ、サンクスなどの大手コンビニチェーンの加盟店や元加盟店が、コンビニ本部を相手取って多くの裁判を起こしています。そこでの主要な論争点の一つは、「コンビニ本部による不当な詐欺的勧誘」なのです。

これまで問題になった例としては、「毎日〇〇万円の売上は確実です」などと根拠のない過大な売上予測を示す、実際にはアルバイト代などの人件費が相当必要なのに、これを過小に見積もって説明する、他の優良店の実績を勧誘している店の実績とウソをつく、勧誘している店がこれまでは経営不振店であった前歴を隠す、競合店が近隣に出店することを知りながら教えない、いいかげんでずさんな立地調査に基づいて勧誘するなど、枚挙に暇がありません。「虚偽による勧誘」、「重要情報やマイナス情報を秘匿した勧誘」など、まさしく悪徳商法顔負けの勧誘実態です。こうした勧誘を信じて契約した加盟店が、「詐欺だ」と怒るのも当然といえましょう。勧誘員の「甘言」に騙されたと怒る加盟店オーナーは後を絶たないのです。

実際の裁判事例をいくつか見てみましょう。

東北ニコマート（現ミニショップ）事件では、本部側が契約する店のこれまでの経営状態を一切明らかにしないで、口頭で「すぐに日商五五万、六〇万になり、利益は一〇〇万前後にはなる」などと勧誘していましたが、実際の日商は四〇万円前後でした（仙台地裁一九九八年八月三一日判決）。

鹿児島のファミリーマート事件では、本部側が店舗建物の賃料を経費として計上せず、オーナー夫婦の取り分が九〇万円になると説明していましたが、賃料二〇万円を支払った実際の取り分は一〇数万円にしかなりませんでした（鹿児島地裁一九九八年一二月二四日判決）。

カスミ（ホットスパー）事件は、勧誘の際に本部が示した売上予測を大幅に下回る売上しかなく、経営不振に陥るなどしたものでした（水戸地裁土浦支部一九九九年四月一九日和解公表）。

最近の加賀サークルケイ事件は、虚偽の売上予測を説明されて契約を結んだものですが、判決は「サークルケイ（本部）が開店前にした売上予測は、豊富なノウハウがあるのにずさんで、契約締結時に正確な判断材料を原告に提供しなかった点は社会通念上違法」と指摘しました（名古屋地裁二〇〇一年五月一八日判決）。

また千葉ローソン事件では、「月平均六三万円の利益が上がるといわれたが、実際には月平均一五万七〇〇〇円しかない」などとして契約無効などを訴えていた事件で、判決では、本部は契約後に加盟店の収入が減少するおそれが十分にあり、それを容易に予測できたのに、説明義務を怠ったとされました（千葉地裁二〇〇一年七月五日判決）。

さらに二〇〇一年七月二日に五店が集団訴訟を起こしたサンクス事件では、「素人の人でも親切に経営指導するので何の心配もありませんよ」「六〇万円以上は間違いない」と勧誘されたのに、開店後の担当者から、「本部では『あの店は売れない』と評判だった。……だまされたかもね」と言われたということです。

これらは裁判を通じて詐欺的勧誘の実態が問題になったものですが、もちろん氷山の一角に過ぎません。なぜならば勧誘の実態は外から窺い知ることが難しいですし、当事者が「だまされた」と思っても、それを客観的に証拠立てることが非常に難しいからです。

複雑な契約内容のおざなりな説明

以上に加えて、加盟店希望者に契約の内容を十分納得のいくまで説明しているのかという点でも、大変疑問が残ります。コンビニのフランチャイズシステムは非常に複雑で、いったん契約すると加盟店としてどのような義務を負うことになるのか、きちんと説明しなければ加盟店希望者には理解できません。また本部と加盟店を結ぶ会計システムは、一般企業の会計システムと比べると非常に特殊なもので、かつ複雑になっています。会計の専門家に契約書や付属文書などを見せても理解しづらいほどです。しかもコンビニチェーン独特の言い回しや表現が使用されることも多く、より一層分かりづらいのです。

このように複雑な内容を持つ契約についての本部による説明は決して十分ではなく、多くの場合おざなりなものです。「絶対儲かる」「大丈夫だ」などの説明を受けて、いざ契約という段になってようやく契約書が持ち出され、読み上げられます。しかし多少の時間をかけて読み上げられ、質問に対して説明されたとしても、コンビニ経営にも法律問題にも会計問題にも素人の加盟店希望者には、それだけで契約の全体像は絶対に分かりません。確かに研修が義務づけられますが、それは契約した後の話なのです。しかも研修に出ても、後に問題となるような契約内容について十分な説明があるとは聞いたことがありません。

しかし契約書には、加盟店希望者が本部の説明を受け、十分に納得して契約したという文言が挿入されています。例えば、「通常甲（＝本部）が実施する調査をし、その結果にもとづく意見や事例など参考となる情報を乙（＝加盟店）に提供した」「自主的に検討し、判断したうえ、加盟の意思決定をした」（セブンイレブン契約書前文）とか、「甲（＝本部）は……店舗建物の所在地におけるコンビニエンス・ストア経営の見込みについて、その地域の環境、顧客の動向、競争関係など、立地及び商圏について甲が任意に調査した結果並びに参考意見を乙（＝加盟店）に提供した」「乙は甲より提供された資料、説明を受けた内容、及び以下に示された契約条項のすべてを充分に検討し、理解した上で独自の判断にもとづき、加盟を決定した」（サンクス契約書前文）などです。

加盟店が受けた実際の説明や理解の実態とはかけ離れた記載ですが、本部の調査や説明に加盟店が十分納得したという体裁が契約上は作られてしまいます。このため、加盟店が「だまされた」として裁判で争おうとしても、裁判所がなかなか認めてくれないのです。

さらには、「本契約は、甲（＝本部）ならびに乙（＝加盟店）双方の完全なる合意により成立したものであって、本契約締結前の口頭による意思表示は、本契約に記載されないかぎり、一切の効力を有しません」（ローソン契約書）と、勧誘時の説明を一切無にできる用意をしているご丁寧な契約書まであります。

いいかげんな説明とそれを正当化する契約条項。ここに勧誘に関するもう一つの問題があるのです。

三　コンビニ契約の不公正

コンビニ問題のもう一つの側面が契約内容自体の問題です。契約内容については、チェーンに加盟する、加盟店として経営する、場合によっては経営をやめる（解約する）という三局面が考えられます。このうち解約問題は、次の四として取り上げます。

多額の初期投資が必要な契約

加盟に際しての勧誘問題はすでに触れましたが、もう一つ、加盟金その他多額の資金が必要になる点も指摘しておかなくてはなりません。

コンビニを始めるには相当の資金が必要です。表Ⅲを見てください。例えばセブンイレブンの場合、自分で店や建物を用意するＡタイプの場合には、加盟準備手数料、出資金、研修費として三〇七・五万円が必要です。ローソンやファミリーマートでは契約金、加盟金、加盟準備手数料、出資金、研修費などの名目で約三〇〇万円が必要です。これら以外に商品代金が四〇〇〜五〇〇万円必要になり（表ではサンクスが約五〇〇万円として掲げています）、運転資金も必要ですか

ファミリーマート			サークルケイ		サンクス		
１ＦＣ－Ａ	１ＦＣ－Ｂ	２ＦＣ	ＳＡタイプ	ＳＣタイプ	ＡＦＣ	ＥＦＣ	ＣＦＣ
10年間			10年（120会計期間）		10年間		
加盟金50万円			加盟証拠金50万円		加盟金100万円	加盟金200万円	
100万円			100万円		100万円		
商品・用度品準備金110万円			商品買取代金の一部120万円		商品等準備金約500万円（備品・消耗品を含む）		
両替準備金40万円			教育研修費30万円		レジ両替金30万円 研修から開店1ヶ月後くらいまでの生活費		
加盟者負担		本部負担	加盟者負担	本部負担	加盟者負担	本部負担	
加盟者負担		本部負担	加盟者負担	本部負担	加盟者負担	本部負担	
本部負担（看板のみ）	本部負担		本部負担		加盟者負担	本部負担	
本部負担（看板のみ）	本部負担				加盟者負担	本部負担	
加盟者負担	本部負担		加盟者負担	本部負担	加盟店負担		本部負担
加盟者負担	本部負担		加盟者負担	本部負担	加盟店負担		本部負担
加盟者負担	本部負担		加盟者負担	本部負担	加盟店負担		本部負担
加盟者負担	本部負担		加盟者負担	本部負担	加盟者負担	本部負担	
本部負担			本部負担		本部貸与		
本部負担			本部負担		本部貸与		
加盟者負担		本部負担	なし		加盟店負担		
		住宅家賃助成制度あり					
24時間営業奨励金年間120万円			なし		24時間営業助成金10万円（月額）		
営業総利益の35％	営業総利益の38％	月間営業総利益のうち 300万円以下 55％ 300万円超～450万円以下 65％ 450万円超 70％	売上総利益（月額）の 600万円未満 30％ 600万円以上750万円未満 19％ 750万円以上 14％	売上総利益（月額）の 240万円未満 37％ 240万円以上340万円未満 57％ 340万円以上 62％	月荒利 450万円未満 31％ 450万～600万円未満 24％ 600万～750万円未満 19％ 750万円以上 14％	月荒利 500万円未満 45％ 500万～700万円未満 40％ 700万円以上 35％	月荒利 240万円未満 40％ 240万～340万円未満60％ 340万～440万円未満65％ 440万円以上 70％
							5年経過の優良店につきチャージの減額措置（2～4%）
24時間店　年間2000万円 16時間以上24時間未満店 年間1600万円		24時間店 年間1700万円 16時間以上24時間未満店 年間1400万円	年額2300万円≦1900万円＋売上げ×６％≦2700万円	年額2000万円≦1400万円＋売上げ×6％≦2200万円	24時間店170万円（年間2040万円）		

表Ⅲ　大手コンビニ５チェーンの金銭負担を伴う加盟条件など

チェーン名			セブンイレブン		ローソン		
契約タイプ			Ａタイプ	Ｂタイプ	ＦＣ－Ｑ	ＦＣ－Ｃ５	ＦＣ－Ｃ４
契約期間			15年間		10年間		
加盟必要金	加盟金				契約金50万円		
	開店準備手数料		105万円	52.5万円	50万円		
	商品代金		出資金150万円		出資金150万円（商品代金の一部）		
	その他資金		研修費52.5万円		研修費50万円 釣り銭・営業許可申請費用など50万円 営業保証金（平均売上げ×2ヶ月）	研修費50万円 釣り銭・営業許可申請費用など50万円	
店舗設備の費用負担	土地		加盟者負担	本部負担	本部負担		加盟者負担
	外装	外装・外溝	加盟者負担	本部負担	本部負担		加盟者負担
		サインポール	加盟者負担	本部負担	本部負担		加盟者負担
		鉢巻看板	加盟者負担	本部負担	本部負担		
	内装	天井	加盟者負担	本部負担	本部負担		加盟者負担
		壁	加盟者負担	本部負担	本部負担		加盟者負担
		床	加盟者負担	本部負担	本部負担		加盟者負担
	設備	エアコン	加盟者負担	本部負担	本部負担		加盟者負担
		什器・ゴンドラ	本部負担		本部負担		
		POS・発注システム	本部負担		本部負担		
その他の費用	店舗用水道光熱費負担		本部80％負担		なし		
	自宅用住宅費負担（都市部月額）		オーナー負担	16万円	なし		
	その他の本部援助			火災保険、年4回の定期棚卸し			
ロイヤリティ（24時間店の場合）			荒利益高の43％	～250万円 56％ 250～400万円 66％ 400～550万円 71％ 550万円以上 76％	総利益高の45％	総利益高の50％	総利益高の34％
インセンティブチャージ			5年後から荒利高の1～3％を減額		5年経過後 1％減額		
最低保証制度			年間荒利額1900万円（24時間営業以外は1600万円）	年間荒利額1700万円（24時間営業以外は1400万円）	年間2220万円	年間2120万円	年間2220万円

出典）国友隆一「上位15チェーン加盟＆更新条件最新ガイド」『隔月刊コンビニ』2000年12月号151頁以下より作成

ら、少なくとも一〇〇〇万円以上を用意しなければなりません。

自分で店や建物を用意する契約タイプでは、本部の指示通りに鉢巻看板やポールなどの外装、店内レイアウト、設備・什器・備品などの用意が自己負担ですから、さらに一〇〇〇万円以上が必要とされます。つまり開店のためには一〇〇〇万円以上、場合によっては二〇〇〇万円以上が必要なのです。実際には、四〇〇〇万円を超える例すらあります。

通常の加盟店が、これらの必要資金の全額を手持ちの資金でまかなうことは難しいですから、最初から多額の借金を背負った出発になることが多いといえるでしょう。

オーナー経営権の過剰な制約

フランチャイズ事業というのは、経営に関する本部の指導や統制がそもそも強く行なわれる事業形態です。加盟店が本部の指示や統制にある程度従うことを約束し、本部の提供するノウハウを活用し、どの店舗でも同じような販売方法がとられ、そのことによって消費者は同じようなサービス提供を受けられることになります。したがって自前で店を出す場合と比べて、本部による経営関与や制約が多くなることは当然です。

しかし加盟店の経営権の制約にも程度というものがあります。加盟店は契約上、本部と対等な「独立した事業者」だというのですから、会社で経営者からの指揮命令に服する労働者とは根本的に違います。しかし加盟店の経営者としての活躍の余地は非常に限定され、ほとんどないに等しい状態にあります。

(1) 二四時間たたかえますか？――「二四時間年中無休」の苛酷さ

業界草分けのセブンイレブンの名前の由来が、「午前七時から午後一一時までの営業」にあったことは良く知られていますが、今ではコンビニといえば、二四時間年中無休が「常識」になっています。消費者がそれを望んでいる、というわけです。

もちろん深夜に及ぶ営業が、暴走族のたまり場になる、酒やタバコの買いやすさから未成年の非行化の温床になるなどの問題は、コンビニが地域社会の中でどのような役割を果たすべきかという重要な問題です。

ところでこの「二四時間年中無休」は、加盟店にとっては契約上の義務になります。そもそも「二四時間年中無休」の契約タイプしかないチェーンもあれば、契約時に「二四時間年中無休」を加盟店が選ぶというチェーンもあります。もっとも後者の場合でも、本部が「二四時間年中無休」の方をロイヤリティなどで優遇したり、奨励金などを出したりするのであり（表Ⅲ参照）、勧誘員により巧妙に誘導されますから、多くの加盟店が「二四時間年中無休」を選ぶことになります。

この義務は大変厳しく、冠婚葬祭の場合でさえ、本部の指示なしには休業も営業時間短縮もできません。勝手に休めば本部に罰金を払わされ、最悪の場合には法外な違約金を取られて、契約を解除されます。

しかもいったん契約しますと、途中で営業日数や営業時間を変更できません。素人の加盟店希望者が勧誘員に誘われて、深夜営業の実態などをよく理解しないままに「二四時間年中無休」営業を始めます。しかしアルバイトが見つからない、あるいは売上不振で余裕がなくなり、人件費のかさむ深夜営業がつらくなる。しかし契約期間である七年間、一〇年間、一五年間は、本部が変更を認めてくれません。営業自体をやめたいと思っても、法外な違約金を請求されますからやめられません（この点は後で述べます）。

やむなく人件費を削るために夫婦が昼夜交替で店を開く。その結果、夫婦が完全にすれ違って結局離婚に至る、あるいは疲れ果てて店主や家族が自殺するなどの悲惨な例も見られます。コンビニ経営を始めたばかりに、コンビニ経営を親に勧めた二男が自殺し、長男夫婦が離婚したヤマザキデイリーストアの元オーナーの事例など、深刻な事態が実際に起きているのです。

こんな話を聞くと、「最初からそんな契約しなければ良かったのに」と感じるかもしれません。もちろんそんなことになる危険性を予測できていたら、決して契約しなかったでしょう。しかしすでに触れたように、初めはおいしい話で勧誘されるのですから、契約したオーナーばかりを責められません。ここには「事業経営上のリスクに過ぎない」という言葉だけで説明してはならない苛酷さと悲惨さがあるのです。

(2) 仕入価格はいくらなのか？——仕入先、仕入商品、価格などの事実上の拘束

コンビニで販売されている商品のほとんどは、本部の推奨商品です。本部の推奨する仕入先から、本部の推奨する商品を、本部の推奨する価格で販売するのです。もちろん契約の上で、本部が加盟店に指示して、仕入先・仕入商品・販売価格を守らせているわけではありません。そんな

契約は、独占禁止法に違反する再販売価格維持行為や不当な拘束条件付取引になり、公正取引委員会による摘発を受けかねないからです。

しかし本部推奨以外の商品を、別のルートで仕入れることは大変面倒です。事前の本部承認や公的機関の検査を要求したり、必要書類添付の上で本部に報告させたりなど、わずらわしい手続が要求されます。しかもチェーンの統一イメージに合わないと本部が判断すれば、本部は加盟店での扱いを拒否できます。結局、事実上は、本部による仕入先・仕入商品・販売価格の指示と同じことになるのです。

さらに問題は仕入価格です。各加盟店からの発注はオンラインによって統括され、仕入業者に発注が伝えられ、それに応じて各加盟店に商品が配送されます。つまり各加盟店は自分で発注を行なうのですが、仕入業者への支払いは、本部が加盟店を代行して行ないます。次で触れますが、加盟店は毎日の売上全額を直ちに本部に送金しますので、本部は送られてきた金の中から、加盟店に代わって支払うわけです。

もちろん加盟店が支払った代金として本部の説明する価格が、正確に現実の価格と一致していれば何も問題はありません。しかしそれをはなはだ疑わせる事件が起こっています。ローソンの一円納入事件です。

一九九八年七月、公正取引委員会は、ローソン本部が主要な日用品納入業者七〇名に対して、ローソンへの仕入割戻金の計画達成のため、商品を無償で納入するよう強要していた（結局、ローソンの会計処理の都合上、一円納入になりました）として、独占禁止法上の「優越的地位の濫用」

違反で摘発に踏み切りました。ローソンは、加盟店の支払いを代行しながら、実際にはただ同然に買い叩いていたわけです。

ローソンは偶然摘発されただけであり、似たようなことは他でも普通にあるという声も聞きます。一円納入というほどひどくなくとも、本部は大口の買い手ですから、納入業者（＝加盟店からすれば仕入業者）への支払いは相当に安くなっているはずです。

しかし、本部が仕入業者に実際にいくら支払っているのかは、加盟店にも分かりません。本部が加盟店に説明する仕入価格と、本部が実際に支払う代金との間に大きな差額があり、本部がそれを懐に入れているのであれば「隠れたロイヤリティ」ということになります。その可能性は大変大きいのですが、実態は今のところ闇の中です。加盟店は、自分で注文した商品なのに、代金として実際にいくら支払われたのか把握できないという奇妙なことが起こっているのです。

（3）売上金は誰のもの？――毎日の売上金全額送金システム

大手のコンビニチェーンでは、加盟店は毎日の売上金の全額を、その日のうちに本部指定の銀行口座に振り込むことを義務づけられています。加盟店は、家賃、税金、借入金の返済、生活費などに必要な金を、売上金から取り出して使うことはできず、全額を本部に送らねばならないのです。もちろん振り込み手数料も加盟店負担です。もし送金が遅れると、一日につき一万円程度の延滞損害金を本部に支払わされます。

毎日営々と努力した結果である売上金は、本来は加盟店のものであるはずです。ところが契約上は、「営業収入額は、甲（＝本部）の許諾と協力によるサンクス店経営の成果であって乙（＝加盟店）が自由に処分できる金員ではな」（これはサンクス契約書ですが、他の契約書も同様）いとされます。「これは独立した事業者としては、おかしなことではないのか」という素朴な疑問を持つのは、私だけでしょうか。

この全額送金制ともいうべきシステムは、いろいろな点で問題です。

第一に、加盟店の売上金の全ては送金から返金までの間、本部の手元に置かれますが、この間の利子は付けられません。契約上も利子を付さないとされます。全ての加盟店からの送金は巨額にのぼりますから、本部は毎日、無利子で巨額の貸付を受けているのも同じです。加盟店希望者は契約時に「利子を付けてくれ」とは実際上いえませんから、無利子を選ぶ以外に道はないのです。

第二に、この制度は加盟店の会計決済業務の本部委任や、オープンアカウントなどとともにコンビニ独特のシステムを支えているものですが、加盟店の本部に対する債務について、先取特権的ないしは優先弁済的に本部が支払いを受けるという機能を果たします。

もう少し詳しく説明しますと、加盟店は開店準備や経営継続の最中に、本部に対して債務（＝借金）を背負うことがよくあります。また加盟店は、本部以外に対しても債務を負っている場合があります（例えば契約以前の借金や、契約後の納入業者への支払債務など）。このシステムのもとでは、とにかく売上金全額は常に本部の手元に行きますので、加盟店にとっては誰に対するどの債務から支払っていくのか選択できず、常に本部に対する債務の支払いが優先されます。「先取特権的ないしは優先弁済的に」というのはそういう意味です。自分が汗水流して働いた売上金なのに、加盟店は自由に処分できないのです。

第三に、売上金全額を本部に握られているもとでは、加盟店は本部に強いプレッシャーを感じるはずです。何をどこから仕入れいくらで売るのかは、形式的には加盟店の選択ですが、収入の全てを本部に押さえられていれば、商品や仕入先を推奨する本部の意向には逆らいにくいでしょうし、事実上の拘束として機能するおそれもあります。何よりも本部の機嫌を損ねないような経営をするという姿勢になるかもしれません。

(4) 同一チェーン店の近隣出店に文句もいえない

コンビニ契約書には例えば、「経営の許諾は、乙（＝加盟店）の店舗の存在する一定の地域を画し、乙に排他的、独占的権利を与えたり、固有の営業地盤を認めたりすることを意味しない」「甲（＝本部）は必要と考えるときはいつでも、乙の店舗の所在する同一市・町・村・区内の適当な場所において」新たな店舗開設をしたりさせたりできるとされています（これはセブンイレブン契約書ですが、他の契約書も同様）。

つまり本部は、既存店の意向に係わりなく、自由に好きな場所に直営店や他の加盟店を出店させることができるのです。せいぜい「既存店の営業努力に配慮する」と契約にうたう程度です。極端な場合、既存店の二五〇メートルの近間に出店されたという例もあります。そのことで既存店の売上が落ち込んでも（普通は当然に落ち込みます）、それを本部が補償する契約上の義務は明記されていません。

本部と加盟店は「共存共栄する」というのが、ほとんど全てのコンビニ契約書にうたわれる理念です。ところが近隣への同一チェーンの新規出店の自由は、既存加盟店には決して利益をもたらしません。外観も内容も全く同じ二店による集客効果で客足が二倍以上になるはずもなく、必ず売上が落ち込むからです。

しかし本部には大きなメリットがあります。新規加盟店の出店で、先に説明した契約料や加盟料などの加盟に伴う収入、その店から得られる毎月のロイヤリティ収入などが見込まれるからです。凄まじい出店の加速は、出店させればさせるほど、本部収入が大きくなるという資本の論理があったからに他なりません。

近隣出店の自由が、本部には大きな利益を、加盟店には避け難い不利益しかもたらさないとすれば、これは契約上、加盟店に対して経営上の指導援助義務を負うべき本部の背信行為です。しかも後に触れるように、加盟店は売上不振でも、解約金の脅威から経営自体をやめることもままならないのです。

コンビニ会計システム問題のあれこれ

(1)　オープンアカウント

加盟店と本部との間には、契約によってオープンアカウントと呼ばれる独特の会計処理システムが開設されます。例えばセブンイレブンでは、「開業日から、この契約に基づく甲乙間の一切の債権債務の清算に至るまでの間の貸借の内容・経過および乙の義務に属する負担を逐次記帳して明らかにし、一括して、借方、貸方の各科目を差し引き計算して決済していく継続的計算関係」であるとされます。

これは開業準備金などの加盟店から本部に対する預託金の管理から始まり、不足分があれば本部が貸し付けます。経営が始まると、本部は加盟店から毎日の売上金の送金を受けて管理し、そこから本部の収入であるロイヤリティを徴収し、加盟店に代わって商品代金や営業費の支払いを決済し、本部からの借入金がある場合にはその返済分を差し引いて、残額を加盟店に返金します。加盟店は返金された中からアルバイト代などの人件費や水光熱費などを支払うわけですが、売上が少なければ赤字になります。そのような場合には本部から自動的に貸付が行われることになります。

このシステムは、商品の支払いを含む複雑な会計処理を本部が一手に引き受け、資金援助も受けられるという点では、確かに加盟店にメリットもある制度です。しかしこのシステムはすでに説明した毎日送金システムと不可分な関係にありますので、そこで指摘したと同じことが、ここでも指摘できます。同時に、加盟店にとっては、売上が振るわないと本部からの借入金がどんどん膨らみますので、いつのまにか膨大な借金を本部に対して背負うことになってしまうという問題も指摘しなければなりません。

(2) 取り損なうことのない高額なロイヤリティ

コンビニ経営に伴って加盟店は毎月定期的に本部に一定の金額を支払うことになります。これをロイヤリティといいます。実際には、「セブンイレブンチャージ」「ローソンチャージ」「サンクスチャージ」など「チャージ」と呼ぶ例も多いようです。後にも説明するように、この額は相当に高額なものになります。

ロイヤリティ問題の第一は、こうした高額なロイヤリティの支払いが、何に対する対価なのか明確でないことです。ロイヤリティは、商標の使用許諾料、広告宣伝、会計サービス、経営相談サービス、設備貸与、定期棚卸サービス、水道光熱費、報告用書式・帳簿類などに要する費用を含むので、決して高くないとコンビニ本部が説明する場合もあります。しかし、商標の使用許諾料を除き、他の項目はコスト計算できるのに、それを加盟店に示す本部はありません。これではロイヤリティの額が適正かどうか、加盟店には判断しようがありません。さらに、ロイヤリティに見合う経営指導を本部はちゃんと行なっているのかといえば、せいぜい「バイトを減らして家族で働け」などの指導（?）しかなかったと怒る加盟店は多いのです。

問題の第二は、ロイヤリティの計算方法にあります。多くのチェーンでは、毎月の売上高から売上原価を差し引き、次に説明する廃棄ロス・棚卸ロスなどを加えたもの（便宜上、「粗利益」と呼んでおきますが、通常の粗利益ではありません）に一定のロイヤリティ率をかけてロイヤリティ額を算出します。この率は、本部が土地や店舗を用意する契約タイプでは、セブンイレブンで四三%、ローソンで四五%または五〇%、サンクスで四〇%～七〇%とかなりの高率であり（表Ⅲを参照）、その結果、高額になります。

注意が必要なのは、この「粗利益」から人件費などの諸経費を差し引いた上でロイヤリティ率が掛けられるのではないということです。コンビニでは、ロイヤリティ算出の基礎となる金額から、人件費などの諸経費を差し引かないのです。つまり人件費などは全額加盟店負担です。そうすると、売上高のほうが売上原価よりも常に額が大きいですから、「粗利益」は常にプラスになります。これに高率のロイヤリティ率をかけて計算しますので、本部は加盟店に少しでも売上があれば、必ずロイヤリティを徴収できます。

逆に、加盟店に対しては、送金した売上金から売上原価が差し引かれ、ロイヤリティが差し引かれた残金（もし本部に借金を負っていればその返済分も差し引かれます）が返金されてきます。加盟店はここからアルバイト代などの人件費や水光熱費などの諸経費を支払いますから、売上が振るわない場合には、手元に何も残らない、ひどい場合には貯金を取り崩して充当する（つまり赤字）場合もありうるのです。

加盟店に多少でも売上がある限り、本部は必ずロイヤリティを徴収できるのに対して、加盟店の側は赤字になることもありうる。こういう計算方法で、はたして「共存共栄」できるのでしょうか。

（3）廃棄ロス・棚卸ロス——ロイヤリティ徴収の「妙」？

コンビニ経営ではよく、「機会ロスをなくせ」といいます。「機会ロス」とは、客がせっかく店に来たのに何も買わずに帰ってしまうことです。そのため、客が来たのに品切れだったということのないように、常に多数の商品で棚を埋めておくように本部から指導され、品揃えもチェーン・イメージの一つとされます。

コンビニでは弁当、惣菜、ファーストフードなどの賞味期限の短いものや、バレンタインデー、クリスマスなどのイベントに合わせた期間限定商品なども取り扱いますから、こうした「機会ロスを出さない」というコンビニの基本的な経営戦略からは、大量の商品廃棄が避けがたく発生します（これを「廃棄ロス」といいます）。弁当や惣菜などは毎日相当量が捨てられ、商品廃棄が月額四〇万円にもなるという店もあるようです。驚くべき浪費によって支えられているわけですが、そのことは今ここで問題にはしません。

またコンビニは従業員数が少なく、セルフサービスですから、万引き被害は後を絶ちません。さらに二四時間営業のために毎日三回程度の商品配達があり、商品数は三〇〇〇点にものぼりますから、管理の甘さからチェックミスが起こることもあります。本部によって定期的に行なわれる棚卸チェックにより、帳簿上の在庫品と実際の在庫高が合わないという「棚卸ロス」が発生しやすいのです。しかも棚卸チェックが正確に行なわれたかどうかを、加盟店が確認することは困難なのです。

「廃棄ロス」「棚卸ロス」については、その負担が全て加盟店に負わされ、本部は一切負担しない点が問題です。「機会ロスをなくせ」というのはコンビニチェーンとしての全体戦略ですし、少人数による営業もコンビニの基本的な営業形態です。したがって、そこから避けがたく発生するロスを全て加盟店が背負い込むのは、「共存共栄」の理念から見ておかしなことというべきです。

最も問題なのは、廃棄ロスや棚卸ロス分をロイヤリティ算出の基準となる額に含ませて計算している点です。すでに説明したロイヤリティ計算式は、

{売上高 − (売上原価 − 廃棄ロス・棚卸ロス分)} ×ロイヤリティ率

でした。これは、中のカッコをとれば

(売上高 − 売上原価 + 廃棄ロス・棚卸ロス分) ×ロイヤリティ率

ということですから、結局、廃棄ロス・棚卸ロスも売れたものとみなしてロイヤリティを徴収していることを意味します。まさしく詐術的なロイヤリティ計算です。

本部は、「加盟店による売上隠しの防止」のためであると説明します。つまり廃棄や万引きなどなかったのに、廃棄した、万引きされたとして売上を少なく見せる加盟店が出るのを防止するというわけです。しかし売上隠しの防止が仮に必要であったとしても、別の手立てを講じるべきであり、真正の廃棄ロスや棚卸ロスからもロイヤリティを取り立てるような詐術的な計算はとても正当化できません。

さらにひどい場合には、先の廃棄ロス分などが一定の割合を超えると、超えた部分を売価で計算するというチェーンすらありました(ローソン)。原価で売れたものとみなしてロイヤリティを徴収するだけでも問題なのに、売価で計算するのは、加盟店に対して優位に立つ本部の著しい不公正というほかありません。

(4) 最低保証

多くのコンビニチェーンでは「最低保証制度」がとられています。これは、売上高から仕入高やロイヤリティなどを差し引いた金額が一定額に満たない場合に、不足する分を本部が負担するというもので、この制度により加盟店は安心して経営できると宣伝しています。保証額はチェーンや契約タイプにより様々ですが、おおむね年額一五〇〇～二〇〇〇万円前後です（表Ⅲ参照）。

誤解してはいけないのですが、これは手取り保証や生活費保証を意味しません。売上高から仕入高やロイヤリティなどを差し引いた金額が一定額未満であれば、一定額までを本部が補填するだけです。これが保証されても、加盟店はここから人件費や廃棄ロス分などを払うのですから、場合によっては手元に一銭も残らないこともありえます。チェーンによっては、ローソンのように補填額をロイヤリティ額までに限っている例もあります。

四　解約条件の苛酷

最後に、コンビニ契約をやめるという局面の問題を見ておきましょう。いろいろな問題がありますが、ここでは二つの点だけに限定して問題を見ておきます。

やめたくてもやめられない——契約の奴隷

各チェーンの契約期間は、短いもので五年～七年、多くは一〇年あるいは一五年続きます（表Ⅲ参照）。コンビニ契約が長期継続的契約であるといわれるのはそのためです。

表Ⅳ　コンビニ３社の中途解約金、損害賠償額の試算

	セブン‐イレブン	ローソン	サークルケイ
月平均売上高(①)	2,079 万円	1,473 万円	1,554 万円
月平均荒利高(②)	634 万円	443 万円	435 万円
月平均ロイヤリティ(率)(③)	273 万円（43%）	151 万円（34%）	131 万円（30%）
中途解約金 「特別の事情」がある場合	開業後５年未満 ③×２＝**546 万円** 開業後５年以上 なし	開業後３年未満 ③×４＝**604 万円** 開業後３年～５年未満 ③×２＝**302 万円** 開業後５年以上 なし 以上のほかに閉鎖に伴う諸費用 100 万円	なし
中途解約金 自己都合の場合	開業後５年未満 ③×５＝**1,365 万円** 開業後５年以上 ③×２＝**546 万円**	開業後３年未満 ③×６＝**906 万円** 開業後３年～５年未満 ③×４＝**604 万円** 開業後５年以上 ③×１＝**151 万円** 以上のほかに閉鎖に伴う諸費用 100 万円	開業後３年未満 ③×３＝**393 万円** 開業後３年以上 ③×１＝**131 万円**
即時解約・予告解約時の損害賠償額	イ．②×６×１／２ ＝**1,902 万円** ロ．①×契約残存月数×１／10×２% ＝41,580 円×契約残存月数 イとロの合計 ただしザーの商標・意匠・著作権の侵害、経営・企業機密漏洩の場合は、200 万円が加算される	イ．②×６＝**2,658 万円** ロ．ザーが設置・貸与した看板・什器備品の残存簿価相当額 イとロの合計	②×４＝**1,740 万円** ただし本部の商標、意匠・著作権の侵害、経営・企業秘密漏洩の場合は、300 万円が加算される

※「月平均売上高」と「月平均荒利高」は『2000 年版コンビニエンスストア・ＶＣ名鑑』30 頁に掲載された各チェーン 1999 年度上半期業績の平均日販、荒利益率を基に算出した。ロイヤリティ率はオーナーが店舗投資を負担する契約タイプの24時間営業のものであり、ロイヤリティ額は、月平均荒利高×ロイヤリティ率で計算した。

問題は、加盟店が経営不振で店をやめたいときに起こります。加盟店は途中でやめることを考えて契約するわけではありませんので、ほとんどの場合、気にも留めていないのですが、実は加盟店にとって大変厳しい条件が契約に定められています。それが契約期間満了前に解約する「中途解約」の条項です。

中途解約は普通、「やむをえないと認められる特別な事情」がある場合の中途解約（以下では「特別な事情解約」といいます）と、そうした事情のない加盟店の自己都合による中途解約（以下では「自己都合解約」といいます）の二つに区分されます。そして自己都合解約の場合は、必ず本部に解約金を支払わなければなりませんし、特別な事情解約でも、解約金を支払わなければならない場合が多いのです。

その概要を三つのチェーンで見たものが表Ⅳです。解約金は直近一二ヶ月の平均ロイヤリティを基にして算出されることが多いので、各チェーンの一九九九年度上半期実績で試算しました。なお、ローソンは一九九八年に、サークルケイは二〇〇〇年に中途解約金を減額しましたので、減額後のものを掲げました。

これによると、特別な事情解約の場合でも、セブンイレブンでは開業五年未満の中途解約には五四六万円、ローソンでは開業三年未満の中途解約には七〇四万円必要です。「やむをえないと認められる特別な事情」とはどんな事情かといえば、「経済状態にてらし、事業を継続することが甲乙双方にとって、不利益であり、その改善の見込みもない場合」（これはセブンイレブン契約書ですが、他の契約書も同様）などとされていますから、経営不振で続けられない場合といえそうです。こうした場合に、ただ店をやめるだけなのに、五〇〇～七〇〇万円も本部に支払わなければならないというのは、実に驚きです。

これは加盟店の解約希望を、本部が特別な事情解約に当たると見てくれた場合の話です。もし本部が、「経営は苦しくても、今やめるべきではない。今やめてしまうのは、加盟店の勝手な都合」と考えた場合には、自己都合解約として、はるかに高額の解約金を請求されます。表Ⅳによれば、セブンイレブンの開業五年未満で一三六五万円、ローソンの開業三年未満で一〇〇六万円です。ローソンの契約書では、特別な事情解約に当たるかどうかの判断は本部が行なうことになっていますので、この危険はさらに大きいといえます。

加盟店が店をやめたいと考える場合の多くは経営不振の場合でしょう。経営不振の店にとって、こんな高額な解約金の支払いが可能であるとはとても思えません。払えなければ、赤字を出しつつ続けながらでも、契約期間中は営業を続けなければなりません。結局、ますます借金が膨らんでいくという地獄に陥るのです。やめたくてもやめられない。これは加盟店がコンビニ契約の奴隷になるということです。

法外な違約金――本部の意向への締め付け

三で取り上げた二四時間年中無休義務、毎日送金・毎日報告義務などのほかにも、加盟店は契約によって多くの義務を負っています。例えば、過剰なまでの守秘義務、内容の曖昧なチェーンイメージの遵守義務など、数え上げればいくらもあります。もしこうした義務に違反していると本部が考えると、その中止や是正を要求し、加盟店が応じないと契約を解除した上で、法外なまでの違約金を請求してきます。

その額がどのくらいになるかを試算したものが、先の表Ⅳで示した「即時解約・予告解約時の損害賠償額」です。セブンイレブンの場合に開業五年の時点で、何らかの理由で本部から解約されてしまったとすれば、ロの額は五〇〇万円近くになりますから、損害賠償額は全体で約二四〇〇万円になります。他の二チェーンでも二六〇〇万円を超えるなど、本部からの損害賠償請求はきわめて巨額です。

これだけ巨額な損害賠償額の予定は、単に損害を回復するというよりも、加盟店に契約上の義務を守らせるために、懲罰的意味合いを込めたものでしょう。加盟店にとっては、本部の指示などに反すれば契約を解除され、莫大な損害賠償金を請求されるかもしれないとなれば、非常に大きな圧力になると思われます。

五　声をあげる加盟店と裁判の動向

最後に、本部との厳しい契約条件などに声をあげ始めた加盟店の動きと、裁判によって問題解決を図ろうとする動向とを、簡単に見ておきましょう。

加盟店の動き

まず一九九八年四月に結成された「コンビニ・FC加盟店全国協議会」がとりわけ重要です。この団体は、「加盟店の経営と生活の向上をはかる」「本部との公正な取引契約をめざす」「中小業者や住民と協力して、地域経済に貢献する」(同協議会規約)ことを目的とし、その結成大会アピールでは、「コンビニ店が、はじめて系列を離れて団結する組織として、それぞれの地域での組織づくりを含め、大勢のコンビニ店主のみなさんが私たちの活動に参加されること」を呼びかけました。二〇〇一年五月の時点で、北海道、青森、長野、栃木、群馬、千葉、埼玉、東京、神奈川、岐阜、愛知、福岡の一二道府県に地域協議会・支部が結成され、会員数も三一四名に増加し、着実に影響力を拡大しています。

それまで加盟店は、本部からどんなに理不尽な扱いを受けても、一人ぼっちで対処するほかはなく、そのために加盟店の置かれた、驚くほどのひどい実態がなかなか表面化しませんでした。その意味で、加盟店が団結して公然と声をあげ始めたことは、様々な問題に苦しむ全国の加盟店を大きく励ましています。協議会は一九九八年七月にコンビニのサンクス本部と交渉しましたし、各地で学習会や裁判闘争交流会を行うなど、活発に活動しています。最近ではフランチャイズ健全化法の制定を目指した要請行動などにも力を入れています。協議会の事務局長を務めておられる植田忠義さんに、本書に一文を寄せていただきました(第Ⅱ章)。

もう一つ加盟店の団体として注目したいのが、「全国ダスキンFC加盟店協議会」です。掃除用具レンタルを中心に、全国に「愛の店」約一四〇〇店舗を展開する大手フランチャイズチェーンのダスキンは、創業以来、本部と加盟店との共存共栄を追及する独特な経営理念で成長し、日本のフランチャイズビジネスの成功事例として注目されてきました。しかし、三代目社長の打ち出した「支店化政策」などに加盟店の多くが反発し、一九九九年一〇月、既存のオーナー会である「ダスキンフランチャイズチェーン会」に拮抗する形で同協議会が結成され、「愛の店」の約半数が加盟し、本部の政策是正や関係改善などに取り組んでいます。

組織としての動きとは別に、加盟店が被害者の会を作る、本部を相手取って提訴するなどの例も続いています。ローソンでは、東京、千葉、横浜、京都などの各地で本部を相手に提訴している加盟店などにより、二〇〇〇年一〇月にローソン裁判連絡会が作られ、サンクスでも「サンクス被害者の会」が作られ、二〇〇一年七月二日に本部を相手取って集団訴訟が起こされました。また山崎製パン系のタイムリーでも「タイムリー被害者の会」が作られています。この他にもサークルケイの元加盟店から裁判が起こされ、すでに第一審判決が下されるなど、他のコンビニチェーンでも提訴が広がっています。

コンビニ以外でも、サントリーを母体とするサンドイッチチェーンの日本サブウェイに対して、一九九九年一月、元加盟店から集団訴訟が提起され、カー用品販売で有名なオートバックスセブンに対しても、加盟店が提訴しています。また経営不振から二〇〇〇年一二月に民事再生法の適用を申請して再生計画を作成中の「靴のマルトミ」も、元加盟店から虚偽の情報提供による契約は無効などとして提訴されています。

裁判の動向

このような加盟店の動きに呼応して、弁護士も全国的なネットワークをめざして「コンビニ・FC問題弁護士連絡会」を二〇〇一年二月に結成し、情報交換や調査研究、あるいは「コンビニFC一一〇番」の開設など、多彩な活動を行っています。

このような加盟店側の現状改善の取組みが進展するのに伴って、裁判の結果も大きく転換し始めました。

従来、フランチャイズシステムに係わる裁判は、ほとんどが本部側の勝訴に終わってきました。これは契約内容に問題があっても、加盟店が契約書にサインした以上は事業者とみなされて厳しく自己責任を問われるためでした。この傾向はコンビニでも同じことで、裁判では加盟店は負けつづけたのです。

しかし一九九〇年代末になって、事態は変化し始めます。まず一九九八年八月三一日の仙台地裁での東北ニコマート（現在のミニショップ）事件判決で、本部の虚偽的な勧誘行為が「不法行為」にあたるとして本部に三四四五万円の支払いが命じられました。そして本部の違約金請求を棄却した同年一二月二四日の鹿児島地裁におけるファミリーマート事件を経て、一九九九年四月一九日のカスミ事件の和解公表に至ります。

これはカスミコンビニエンスネットワークスの加盟店ホットスパーの集団訴訟で、元加盟店二五名と連帯保証人三〇名の計五五名について全国四地裁三一件の訴訟の一斉和解でした。本部と加盟店双方が一切の請求を放棄し、解決金一店当たり一〇〇〇万円、総額二億五〇〇〇万円を支払うという加盟店側の事実上の勝利和解で、コンビニ問題が社会問題として注目を集めていく上で重要な役割を果たした裁判でした。

この後、和解となった九州ニコマート事件も、元加盟店二名に本部が求めていた中途解約金など一億一〇〇〇万円に対して、これを九割減額して和解金一〇〇〇万円とし、加盟店への適切な情報提供や誠実な契約履行が和解条項に盛り込まれるなど、事実上の加盟店勝利となりました（一九九九年五月一三日福岡地裁）。

そして二〇〇一年に至って再び大きく動き出します。まず五月一八日の名古屋地裁でのサークルケイ加賀事件判決では、元加盟店側の一部勝訴判決が出され、勧誘時のずさんな情報提供を「社会通念上違法」であるとして、元加盟店の提供した成約預託金三〇〇万円を損害と認定しました。

これに続くのが、六月二八日の同じく名古屋地裁におけるサークルケイ宇治田原事件（小山事件）判決です。この事件は、サークルケイ本部が社員ら約六〇名を派遣して、加盟店から「襲撃」同然に看板やレジの金などを持ち去り、暴力的に閉店に追い込んだというものです。これらを持ち去る生々しい映像がテレビ放映され、大きな衝撃を与えました。判決は、本部が「本件契約の解除という究極のペナルティを課すことは許され」ず「契約解除は無効」であり、これを前提とした本部の行為は「不法行為を構成する」と断じて、双方の請求額を相殺して本部に一五三万円余の支払いを命じました。

さらに七月五日には、三つの加盟店が総額約三四〇〇万円の損害賠償を求めた千葉ローソン事件判決が千葉地裁で下されました。裁判所は、契約前の店舗では売上の減少傾向が続いていたこと、人件費、棚卸ロス、見切・処分などの経費予測が実績に基づいて算出されず、「目標値として提示」されていたことなどから、加盟店の「収入が減少するおそれが十分にあり、それが容易に予測できた」のに、これらをきちんと説明する義務を怠ったなどとして、総額約二三〇〇万円の支払いをローソンに命じました。同時に、ローソンが求めていた中途解約に伴う違約金請求については、「ローソンの提供した情報によって収支を誤ったことが店舗閉鎖の原因」である以上、「違約金を課することは著しく正義に反し、公序良俗に反する」と述べて、これを全面的に退けたのです。加盟店側の全面勝訴というべき画期的判決でした。

コンビニ・フランチャイズの加盟店は厳しい契約条件に縛られながらも、自らの当然の権利と立場を力強く主張し、本部との共存共栄を強く求めています。「公正な加盟契約の確立と経営・生活の向上をめざしＦＣ加盟業者との共同・連帯を広げよう」（コンビニ・ＦＣ加盟店全国協議会第四回総会決議）という加盟店のアピールが、それをよく示していると思います。

二〜四のさらに詳しい内容を知りたい方は、コンビニの実態を告発するオーナー・元オーナー、コンビニＦＣ加盟店全国協議会、訴訟を担当する弁護士、コンビニ契約書の分析を行なう研究者たちの共同作業によりつくられた、本間重紀編『コンビニの光と影』（花伝社、一九九九年）をぜひお読みください。

II

コンビニ・FC加盟店の経営、生活の安定と公正な契約の確立めざして

コンビニ・FC加盟店全国協議会
事務局長　植田忠義

いま、コンビニ・フランチャイズ業界は、非常に激しい変化・激動の時代にあると思います。本部、納入業者、加盟店などその立場はいろいろでも、共通している大きな柱は、展望ある未来を模索しているということではないでしょうか。このような時代がいつまで続くかはわかりません。激動の落ち着く先がどのようなものか、それに思いを馳せる日々は、緊張感に満ちた日々であることもまた、共通しているといえるでしょう。

私たちの組織は、結成して三年余、まだまだ若く未熟で、課題の方が多い現状です。しかし、それにもかかわらず、いくつかの大事な変化をつくりだす上で一定の役割も果たしてきた面があります。それらを踏まえて、いまの情勢に対する見方や、この激変期でのＦＣ加盟店オーナーの側からの要求などについて述べてみました。

一　ＦＣ本部と加盟店オーナーが対立していて良いか

およそどの産業、企業・団体も三〇年、五〇年、八〇年と歴史を重ねた場合、成長し続けるということはない、と言っては言い過ぎでしょうか。私が知る範囲だけの事例をもって断言することは間違いですが、やはり、産業、企業、団体において、「後退」という時期が必ずある、と見るのが自然ではないかと思います。大事なことは、その後退から、どのような教訓を引き出し、新しい前進への科学的な準備をするのか、それとも、後退という事実を正しく認めず、「成長期」の観点と手法を繰り返すだけに終始するか、どちらの方向を選択するか、ということだと思います。

コンビニ業界も三〇年の歴史を経て、「成長」から「後退」への転換の局面にさしかかっていると言えます。一部の本部はこの見方を否定しています。確かに、セブンイレブンの場合で言えば、全く店舗展開していない県が二〇県以上もあるため、「まだまだ出店余地もあり、引き続き成長する」と強気に見るのも一理あるかと思います。

しかし、既存店の売上・利益は明らかに一時の伸びは見られず、全店合計で前年実績を上回るのがやっとであるという現実は、これまでと同様の成長カーブに「転機」が訪れていることは明らかです。

コンビニ・ＦＣ加盟店全国協議会のシンポジウム

私たちの会が結成されてからの三年余のなかで、セブンイレブンのオーナーからの経営悪化の「訴え」が、二〇〇〇年秋から二〇〇一年夏までの間に急増している事実は、認めたくない「後退」が現実化している一つの証しではありませんか。

日本経済全体の消費不況が、コンビニ業界だけを避けて通るものではありません。この不況に加えて、コンビニ業界の経営環境には新たな変化がおこっています。大きくは「コンビニならではの魅力とは何か」が問われてきている、そういう段階に直面していると思います。なぜそう言えるか、この点を少し述べておきたいと思います。

たとえば、二四時間、三六五日営業はコンビニの独壇上ではなくなってきています。大規模小売店舗法が廃止され、年間休業日数や営業時間を規制する法律がなくなり、大型店の深夜・長時間営業が増大する傾向です。ある県では、大型店が軒並み夜一二時まで営業しており、消費者から言えば、酒・タバコをコンビニで買わねばならないことはないわけです。電機の安売りで知られるコジマが薬局を始め、関東でいえばマツモトキヨシのようなドラッグストアが店舗数を増やしています。こうした他業界の進出がコンビニ店の雑貨・身の回り品の売上に影響を与えており、「別にコンビニがなくても不便さはない」と住宅地の消費者も感じてきているのです。コンビニ同士の競合も衰えていません。しかも、駅には駅コンビニ、大学や大ビル、病院の中にもコンビニが出店する時代です。

また、コンビニで売っている商品に消費者魅力はあるのか、という問題があらためて浮上しつつあります。それぞれのメーカーが開発した売れ筋商品を三〇〇〇品目集めておれば良いという「甘い」時代ではない。しかも値段が安くないのです。いま、コンビニもおにぎりや弁当、ビール、ジュースを値下げしています。しかし、一〇〇円ショップが店舗を増やしていますし、「超安売り」をウリものにしたコジマなどとの価格競争に、コンビニシステムが勝てる展望はないでしょう。

このように、競争の規模や中身が変わってきています。様々な面での経営環境の変化に、コンビニ業界はどう対応すべきなのでしょうか。ＦＣ加盟店の経営の安定・成長なくしてＦＣ本部、業界の発展はない。これを認めるならば、コンビニの魅力を創造することがどうしても必要だと考えます。そのためには、今こそ本部、加盟店が信頼しあって智恵を出し合うべき時代であり、高度成長時代そのままに、本部と加盟店が対立しあっている時ではないのではないか、と考えます。少し飛躍した言い方ですが、真剣に日本型ＦＣコンビニの創造的発展が求められている、そういう、危機的時代認識が必要だと思っています。

私は、この立場に本部だけが立てばよいとは考えません。加盟店オーナー一人ひとりもこの時代認識が必要だという考えです。この認識を本部と加盟店が共通のものにし、そこから新しい本部と加盟店の関係を構築していくこと、この方向でこそＦＣ業界の二一世紀の展望が切り開かれるのではないかと思います。

この、夢のような話も、ひろく国民のくらしに貢献する健全な業界にしていくという、基本理念に立てば、現実となる必然性があると確信しています。

二　いま求められるＦＣ法の基本

ＦＣオーナーの人数は、およそ二〇万人と見られています。従業員、家族、関連産業を含めて考えると、何百万人もの人々がＦＣ産業に主な生計を託し、あるいは深い関わりをもっている状況です。業種は、製造、建設、運輸、卸、小売、料理飲食、サービスなど、産業大分類でみればすべての業種にＦＣシステムでの企業があります。全体としてはＦＣ産業は産業界での位置を高めています。小売業の世界で見れば、小売販売額日本一が百貨店の三越からスーパーのダイエーに移り、そして今、コンビニのセブンイレブンに移った事は象徴的です。

このＦＣ産業の世界で何が起こっているか、どういう事態になっているか、その全貌はまだ十分世の中に明るみになっていません。私たちが知り得た実態は、まだほんの一部です。その範囲でも、放置できない状況にあることに驚愕させられます。

しかし、私たちはＦＣ産業の存在を全面的に否定する立場ではありません。この産業の健全化をめざしています。したがって、私たちがのぞむＦＣ法は、そのためのルールを定めるというものです。「規制法」「取締法」を主張していません。

(社)日本フランチャイズチェーン協会が設立された趣旨は、日本におけるＦＣ業界の健全化、ＦＣ業界の社会的地位向上でした。ＦＣ本部の倫理綱領を定めたのもそのためでした。業界の自主規制、自浄姿勢として私たちも尊重するに値する内容です。この流れから言えば、ＦＣ本部こそＦＣ法制定の先頭に立つのが道理です。ところが、現在のところ、「ＦＣ法は必要ない」というコメントしか聞こえてきません。なぜか。説明を求めたいものです。

ＦＣ本部と加盟店の間にある問題点、課題は多岐にわたります。加盟店側の要求も多彩です。私は、それらの全てを法文化することは正しくない、と考えます。「どうしても法律で決めるべき事項」に限定するべきです。近日、私たちの会としてのＦＣ法への「見解・要求」をまとめることにしています。重要な基本は、資本主義制度の枠内での、ＦＣ産業健全化・適正化のルールの法制化ということだと考えています。一点だけ踏み込んで言えば、本部の加盟店搾取の構造に目を向けることは鋭く、正論であるとしても、搾取そのものをなくすという要求は、資本主義制度内での要求として掲げることは、正確かどうか、ということです。

私たちは二〇〇一年九月～一〇月にかけて、自民、公明、保守、民主、共産、社民の各党経済産業部会長・衆院議員と会い、ＦＣ法制定問題で要請・懇談しました。共通していた回答は、「コンビニ・ＦＣ加盟店全国協議会の要請の趣旨はわかる。ＦＣ産業について現状のままで良いとは考えない。法律をつくるという点は即座に明言はできないが研究したい。協議会はどのような法律を希望されるのか、お聞きしたい」ということでした。与党三党も民主党も、「規制を強く加える法制定」には難色を示しました。

こうした政党の現状も踏まえて、私たちとしての要求内容をまとめることがいよいよ必要になってきました。私見ですが、直面している事態、多数のＦＣオーナーのことを考えると、何よりも「法律が出来る」ということではないかと考えます。勿論、どんな法律でもよいということではありません。自民党も公明党も賛同するものでないと成立しないわけで、その点は智恵を出していきたいと思います。政治の舞台で、ＦＣ問題が議論の俎上に上がってきているという状態それ自体が本部の横暴への抑止力になるという側面にも注目してよいでしょう。

三　私たちの会の現在と未来

コンビニ・ＦＣ加盟店全国協議会という、ＦＣ加盟店オーナーの立場に立った全国的組織の発足から三年を経て、この組織が存続し続ける上で何が重要かを実際経験でつかんできました。たとえば、この会の基盤は不安定です。この不安定さこそこの組織の一つの特質・宿命だと見ています。ＦＣ契約には契約期間があります。五年、七年、一〇年、一五年といろいろです。契約の「終了」がある。これは他の自営、起業と大きく違う点です。会を構成する会員、オーナーが変化するのです。組織は人で決まると言われますが、その人が変わるという不安定さがある組織です。これをあらかじめ視野に入れた組織づくりです。

現在の会員の五五％は、特に本部と大きくトラブルを起こしているわけではなく、また、経営的にも黒字であるという人たちです。裁判沙汰になっている会員は、全会員数の七％です。ところが世間では、「本部とたたかう過激派集団」と見られている向きがあります。大手ＦＣ本部が、その数万人の社員を使って私たちの会を「赤軍派」「暴力過激集団」などと歪める「指導・脅かし」を加盟店オーナーに行っていることに一つの原因があります。また、本部との「奴隷契約」から解放された元オーナーは、毎日毎日、本部のプレッシャーを受けている現役オーナーと違いますから、激しく本部を追及する言動を行いやすい条件にあるわけで、こうした少数の会員が「目立つ」ことは否めません。

裁判を起こすこと＝過激と見る見方も正確ではありません。裁判をする権利が等しく国民に保障されてこそ法治国家であり、その権利の行使を過激と見るのは全く間違っています。いずれにせよ、会の正確な姿を知ってもらうことは私たちにとって大事な課題の一つです。

私たちがいま最も重視している活動の柱は三つです。第一は、経営要求をとりあげた活動です。

すべて本部におまかせで、商売の基本もないがしろにしたオーナーをなくすこと、契約書やマニュアルに縛られてはいても、最大限自己の経営方針の実行を、ある程度本部に「抵抗」しても追求して経営改革をすすめるオーナーになること、こうして本部からも「加盟店として取引を維持したいオーナー」になり、地域からも「あって欲しい店」になること、そのための交流や研究を会の活動の柱に位置づけています。

第二の柱は、ＦＣ法制定をめざす活動を、地方議会や国会に向けてつよめることです。

第三の柱は、会員を大きく増やす活動です。むつかしく考えないで「オーナーのための会があることは当たり前だ」と気軽に入会されるオーナーもおられます。こういう感覚を大切にしたいと思っています。多数派になることがオーナーの要求実現の確かな力です。会員が増えるためには改善すべきことや努力すべきことがいくつかあります。その一つひとつを丁寧に取り組んでいくつもりです。

現実の情勢、本部などの誤解と偏見に満ちた「攻撃」など、困難の連続の三年間でした。しかし、公然と大手企業の横暴とは対決しつつ、具体的要求のいくつかは解決もし、会員を増やし続けており、今日の情勢下では全国的業者組織のなかで、特異な成長組織と言えそうです。ＦＣ企業の増大という情勢のなかでＦＣ加盟オーナーにとってなくてはならない組織として認められることをめざして、引き続き努力したいと思います。

III

諸外国におけるフランチャイズ契約に対する規制

岡田外司博

一　はじめに

日本では、フランチャイズの拡大に伴って、本部の詐欺まがいの勧誘行為や、約款を利用した本部に著しく有利で、加盟店に不利な契約の内容が指摘され、深刻な問題となっています。しかし、フランチャイズ契約に対する直接の法規制は、本部に対し加盟店希望者に一定の事項を記載した書面の交付等を義務づけた中小小売商業振興法（小振法）一一条以外に、ほとんどありません。しかも、この小振法は、適用範囲が小売業に限定されていること、本部が関わる訴訟や閉店した店等の不利益情報の開示が義務づけられていないこと、書面交付の時は契約の直前でもよいこと、違反に対する契約取消権の救済が認められていないことなど、本部の不当勧誘を防止する事前規制としてきわめて不十分です。もっとも、最近、本部は契約を結ぶ際に加盟店希望者に正確な情報を提供する義務があるとする判決が現れるようになりましたが、この義務の違反を理由に損害賠償を認めた判決でも、過失相殺によって賠償額を大幅に減額しているため、その予防効果は限られています。

このような日本の状況とは対照的に、外国では、本部の不当勧誘による加盟店の被害を防止し、すでに加盟している加盟店を本部の濫用的な行為から保護するために、フランチャイズを規制する特別法（フランチャイズ法と呼びます）を制定する動きが広がっています。とりわけ、一九九〇年代以降、多くの国がフランチャイズ法を制定していることは、今後の方向を示すものとして、注目されます。以下では、若干の国のフランチャイズ法の概要を述べた後、参考になると思われる外国法の規定について具体的に紹介することにします。

二　各国のフランチャイズ法の概要

外国のフランチャイズ法の規制の内容は、以下に述べる二つのタイプに分類されるのが普通です。ただ、実際には、この二つを組合わせた法令が一般的です。

契約前に情報開示を義務づける開示規制

第一のタイプは、加盟店が十分な情報を入手し熟慮した上で契約締結の可否を判断できるようにするために、契約締結又は金銭授受の日の一定期間（二週間とするものが多い）前に、加盟店希望者に書面で所定の情報を開示することを本部に義務づける開示規制です。フランチャイズ開示法とも呼ばれます。フランチャイズの発祥の地であるアメリカでは、一九七〇年のカリフォルニア・フランチャイズ投資法（カリフォルニア会社法典第三一〇〇〇条以下）を始め、一九七四年のイリノイ・フランチャイズ開示法（イリノイ制定法全集第八一五章第七〇五節）など、全米で一五の州がフランチャイズ開示規制を有しています。開示規制のない州でも、連邦取引委員会が制定した「フランチャイズ及び新規事業機会取引に関する開示要件と禁止」（連邦規則第一六巻第四三六節）が適用されますから、いずれにしても、開示規制はアメリカ全域にわたって適用されています。

アメリカ以外の国では、カナダのアルバータ・フランチャイズ法（アルバータ制定法一九九五年第F一七章）、同じくオンタリオ州のフランチャイズ開示法（オンタリオ制定法二〇〇〇年第三章）、オーストラリアのフランチャイジング行為規範（一九九八）が、徹底した開示規制を定めており、参考になります。このほか、フランスのドゥバン法（一九八九年一二月三一日法律第一〇〇八号）一条、ブラジルのフランチャイズ契約等に関する法律（一九九四年一二月一五日法律第八九五五号）、スペインの小売業規制法（一九九六年一月一五日法律第六号）六二条、インドネシアのフランチャイズ事業登録に関する政府規則（一九九七年六月一八日政府規則第一六号）、韓国のフランチャイズに関する不公正な取引方法の基準（一九九七年公正取引委員会告示第四号）、マレーシアのフランチャイズ法（一九九八年法律第五九〇号）が、事前の開示義務を定めています。こうした動向を受けて、私法統一国際協会（ユニドロワ）も、模範フランチャイズ開示法草案を発表し、モデル法として各国に提示しています。

契約締結後の継続的関係に対する関係規制

第二のタイプは、契約締結後の継続的関係に対する様々な規制であり、フランチャイズ関係規制とかフランチャイズ関係法と総称されています。具体的には、本部の加盟店に対する優越的地位を背景とする濫用行為——例えば、本部による正当な理由のない解約・更新拒絶、加盟店の団結活動に対する妨害、正当な理由のない加盟店間の差別、正当な理由のないフランチャイズ譲渡承認の拒絶、加盟店の商圏侵害、必要な範囲を超えた抱き合わせなど——に対して、加盟店に救済を与えることが、その主たる内容です。

アメリカでは、一九七一年のワシントン・フランチャイズ投資保護法（ワシントン改訂法典第一九・一〇〇章）、ミシガン・フランチャイズ投資法（ミシガン法律全集第四四五編一五〇一条以下）、一九九二年のアイオワ・フランチャイズ法（アイオワ制定法第五二三H章）等、一七州でフランチャイズ関係法が制定されています。もっとも、実際には、開示規制と関係規制の両方を定めている州法が多いことに注意する必要があります（カリフォルニア・イリノイ・インディアナ・ワシントン・ミネソタ・ハワイ・ミシガン・バージニア・ウィスコンシン）。連邦にはフランチャイズ関係法はありませんが、一九九九年に、「小企業フランチャイズ法案（H・R・三三〇八）」が、下院議員五〇名の賛同を得て下院に提出されており、アメリカ加盟店協会による立法活動が続けられています。しかし、本部側の潤沢な資金による反対運動のために、まだ、実現するには至っていません。

アメリカ以外には、たとえば、カナダのアルバータ州とオンタリオ州のフランチャイズ法は、開示規制に加え、契約の履行に関して公正な取扱いの義務を課し、加盟店の団結に対する妨害行為を禁止していますし、オーストラリア・フランチャイズ行為規範も、開示規制に加えて、加盟店に団結しないよう誘引する行為の禁止、フランチャイズの譲渡の不当な承諾拒絶の禁止、本部からの解約に対する制限、苦情に対する調停手続の設置等を定めています。韓国のフランチャイズに関する不公正な取引方法の基準では、希望者の要求に対して情報を開示しない行為に加え、必要な範囲を超える本部又は本部指定業者からの購入の強制や、正当な理由のない供給又は支援の停止、正当な理由のない一定期間の契約終了後の類似の事業活動の制限等を、不公正な取引方法としています。フランチャイズ契約に関する章（第五四章）を設けた一九九六年ロシア新民法典は、契約の登録制のほか、本部の加盟店に対する継続的な支援の義務、加盟店の同一条件での契約更新の権利等の権利義務を定めています。最後に、「今まで規制立法がないことを利用してきた節操のない本部から人々を保護する有効な手段（副首相アブドゥラの言葉）」として制定されたマレーシアのフランチャイズ法は、開示規制に加えて、五年間の最低期間の法定、フランチャイズ料の規制、加盟店の原則的更新権等の詳細な関係規制を含んでいます（鈴木康二「マレーシアにおけるフランチャイズ法の立法」国際商事法務二八巻一号五六頁参照）。

三　契約締結前の開示規制

登録制の採用

フランチャイズに対する実効的な開示規制及び詐欺の防止を行うには、アメリカの多くの州を初めとして、スペイン・マレーシア・インドネシアが採用するフランチャイズの販売に対する登録制の採用を考える必要があります。登録制をとるメリットは、まず第一に、無登録のフランチャイズの販売を禁止し、開示義務に違反したり詐欺等を行った事業者の登録を取消すことにより、実効的に違反を防止できるという点です。このため、アメリカの州法では、違反や当局の指示に従わないことを理由とする登録の停止・取消の規定が設けられています（カリフォルニア州会社法典第三一一五条等）。第二は、登録申請時の審査の時に、誤認を招くことが明白な開示文書によるフランチャイズの登録を認めないことにより、そのような書面の交付を未然に防げるという点です。第三に、登録された開示書類は誰でも閲覧・複写できることにより、不当な約款や、登録された書類と交付された開示文書の違いをチェックできるという点です。実際、アメリカの州法では、登録された開示書類は公衆の閲覧に供し、所定の料金を払えば何人もその複写を請求できるとしています（イリノイ・フランチャイズ開示法第三七、第三八条等）。そのため、アメリカでは、開示法を持つ州に共通して使われるフランチャイズ統一情報開示回覧（これは、連邦取引委員会規則にも適合するとされ、一般的に使われています）は、本部に請求しなくても、州当局に行ってコピーできますし、フランデータ社等の業者に注文すれば、どんな本部の統一情報開示回覧でも簡単に購入できます。このような情報公開によって人々の目が行き届くために、アメリカではあまりに本部側に有利な約款は使いにくい状況にあります。

開示文書の内容

次に、契約締結又は何らかの金銭の支払の通常一四日以上前に、希望者に交付すべき開示文書の内容が問題となります。この点に関し、アメリカでは、フランチャイズ統一情報開示回覧による何百頁にも上る詳しい情報開示が行われていることはよく知られています（開示の実態については、トーマス・サカモト「情報公開をめぐる日米フランチャイズビジネスの格差」一九九七年財界フランチャイズ白書四六頁、「特集フランチャイズ光と闇」日経ビジネス一九九八年二月二三日号二五頁参照)。アメリカ以外のフランチャイズ開示法でも、アメリカの統一情報開示回覧のガイドラインを参考にして、詳細な開示の内容を定めていますが、開示の方法や契約締結の方法に様々な工夫を導入して、不当勧誘によって安易に契約が結ばれないように規制を強化しています。

例えば、オンタリオ州のフランチャイズ開示法に基づく規則では、三〇項目以上の開示を義務づけていますが、開示文書(締結される一切の契約書を含む)の冒頭には、「フランチャイズ契約を結ぶ前に、現加盟店又は元加盟店と接触することを強く推奨します」、「フランチャイズ契約を結ぶ前に、独立した法律上及び会計上のアドバイスを求めるべきです」等の記載が強制されています。そして、開示文書には、過去一年間に解約などで辞めた元加盟者の名前と、その者の最後の住所・電話番号、過去三年間に閉店した各店舗の閉店の理由、及び州内の全加盟店の名前・住所・電話番号の記載が義務づけられています。そのため、希望者は元加盟店や現加盟店の話を聞き、弁護士等と相談した上で契約の可否を慎重に決めることができます。また、本部が営業費の見積と収入の見積を開示文書で表示する場合、そのような推測の合理的な根拠、推測の前提となった仮定に加えて、その推測を裏付ける情報を入手できる場所を示さなければならないとされているので、希望者は推測の妥当性を実地に調査する機会を得られます。

契約締結に対する規制

オーストラリアのフランチャイズ行為規範(取引慣行法に基づいており、強制力があります)

も、開示の方法と契約締結の方法を工夫することによって、不当勧誘により安易に契約がなされないようにしています。すなわち、まず、本部は契約締結又は金銭支払の一四日前に、開示文書と行為規範のコピーを交付しなければならないため（行為規範第一〇条）、希望者は行為規範によって加盟店の権利を事前に知ることができます。その上で、本部は、加盟店希望者から、開示文書と行為規範を受け取り、読み、理解する十分な機会を得たことを記載した書面を受取る義務があり、これを受取らない限り、契約したり金銭を受け取ったりしてはならないとされています（行為規範第一一条第一項）。また、これに加え、本部は、契約を締結する前に、加盟店希望者から、独立の法律専門家、独立の経営専門家、又は独立の会計士のいずれかによるアドバイスを受けたこと、又はそのアドバイスを求めるように指示されたが、それを求めないことに決めたことを記載した署名文書を受取らなければならない、とされています（行為規範第一一条第二項）。このような規定により、加盟店希望者は、契約前に開示文書と行為規範を熟読して内容を理解し、いずれかの専門家のアドバイスを受けることを事実上強制されますから、慎重な判断に基づいて契約することが期待されます。しかし、それでも、契約してからでないと実際の業務は体験できないため、契約又は金銭支払から一週間という短い期間ですが、加盟店に無条件のクーリングオフの権利が保障されています（行為規範第一三条）。さらに注目すべき規定として、既存の加盟店も一二カ月に一度、開示文書を請求できるとされています（行為規範第一九条）。

制裁と加盟店の救済

最後に、開示文書の交付義務に違反したり、記載が不備であったり、不実の記載がなされていた場合の制裁と加盟店の救済をどうするかも重要です。この点に関して、アメリカの州法では、当局による登録取消・停止（イリノイ・フランチャイズ開示法第二二条等）、意図的な違反に対する刑事罰（同法第二五条等）に加え、加盟店の本部及び違反を実質的に助けた本部の支配者に対する損害賠償請求権・契約取消権（同法第二六条等）を一般に定めています。また、カナダのオンタリオ州フランチャイズ開示法には、登録制度も刑事罰もありませんが、民事責任に関して整備された規定を置いています。すなわち、同法第六条によれば、本部が一四日以上前に開示文書を交付しない時又は開示文書の内容が法律の要件を満たさない時は、開示文書受領の日から六〇日の間に、また、開示文書の交付がない場合は、契約の日から二年の間に、加盟店は契約取消権を行使できます。取消があると、取消から六〇日以内に、本部は加盟店から受け取った一切の金銭を返還するほか、在庫品や設備等も加盟店の購入時の価格で買い戻さなければならず、加盟店に店舗開設及び経営の上でなお損害があれば賠償する責任を負うとされています。次に、同法七条では、開示文書に不実の表示があった場合、加盟店はその表示を信頼したものとみなし、本部に対して直ちに損害賠償を請求できるとしています。また、開示文書には「当文書は不実の情報、表示、陳述を一切含みません。当文書は、本法と規則が要求する全ての実質的事実、会計報告、その他の情報を含んでいます」という証明書を添付し、本部の二人以上の役員が日付入の署名をしなければなりません（規則による）。この署名者である役員も、不実表示の場合に、会社と連帯して損害賠償責任を負うとされていますので（同法第七条第一項C）、不実表示はきわめてやりにくなっています。

四 契約締結後の関係規制

不当勧誘が行われないように規制してみても、現在加盟店となっている者にとっては、約款による本部に有利な契約条項の問題と本部優位の関係に由来する本部の濫用行為の問題は、何も解決されません。そのため、フランチャイズ法で開示規制を定めたとしても、契約後の関係規制は必要であり、実際にも多くのフランチャイズ法が両方の規制を定めています。関係規制の内容は様々ですが、以下では、日本で生じている問題を解決する上で参考になるという点から、団結妨害行為に対する規制、解約・更新拒絶に対する規制、商圏侵害に対する規制を取り上げます。

団結妨害行為に対する規制

本部による加盟店の団結妨害に対する規制は、加盟店の単独では劣弱な地位を団結によって回復するために不可欠であり、このような規制はアメリカの多数の州法に存在します。その一つであるカリフォルニア州フランチャイズ投資法は、本部は加盟店が団体に参加する権利を制限・禁止したり、加盟店が合法的目的のために自由に団体を結成することを禁止することを違反であるとしています（同法第三一二二〇条）。そして、こうした違反行為に対し、いかなる原告も、加盟店が営業する所又は本部の所在地を管轄する裁判所に訴えを提起し、損害を証明することなく、差止及び合理的な額の弁護士費用の支払を請求できるほか、損害があれば損害賠償を請求できます（同法第三一三〇二・五条）。州当局も違反の差止や民事罰の賦課を求めて訴えを提起することができます（同法第三一四〇〇、三一四〇五条）。このように加盟店の団結の権利が保障されていることもあって、アメリカでは、本部から独立した加盟店団体の活動が活発であり、様々な成果をあげています。たとえば、かつて、アメリカ最悪の本部という異名をとったことのあるセブンイレブンについては、「公正なフランチャイズを求めるセブンイレブン・オーナーズ」が、商品仕入れに伴う割戻金の分配に関するサウスランド社の契約違反を主張して、全加盟店を代表するクラス・アクションを起こし、本部による三七〇〇万ドルの支払を内容とする和解が成立、裁判所で承認されています（カリフォルニア州第一巡回区控訴裁判所二〇〇〇年一二月二九日判決）。一方、カナダのオンタリオ州フランチャイズ開示法も、加盟店の団結権を明文で保障し、加盟店の団結活動の妨害・制限・禁止や、団結権の行使を理由とする制裁又はその脅しを違反とし、違反に対して加盟店に損害賠償請求権を認めています。これに加えて、団結権の行使を制限・禁止する契約は無効とされています（同法第四条）。

解約更新拒絶に対する規制

次に、本部による解約・更新拒絶については、それが加盟店の投資を無駄にする結果になることから、フランチャイズのアキレス腱と呼ばれておりアメリカのほとんどの州フランチャイズ法が規制しています。そのうち、いくつかの州法では、解約と更新拒絶を区別することなく、六〇ないし九〇日の予告期間の設置と正当な理由を要求しています（ニュージャージィ・フランチャイズ行為法第五条、ウィスコンシン州公正ディーラー法第三条等）。そして、その違反に対しては、加盟店は解約・更新拒絶の差止及び損害賠償に加えて、合理的な額の弁護士費用を請求できるとされており（ニュージャージィ州法第一〇条、ウィスコンシン州法第六条等）、多数の裁判例があります。正当な理由の内容は、州によって異なりますが、ニュージャージィ州法上は、加盟店がフランチャイズで課された条件に実質的に従わないことに限定されていますから（同州法三条）、本部が事業経営上の理由から解約及び更新拒絶をすることはできないとされています。また、アメリカ以外では、ロシアの新民法典一〇三五条、マレーシアのフランチャイズ法三四条が、加盟店に対して契約の更新権を保障し、契約違反がない限り、加盟店は本部への通知によって同一条件での更新（延長）を請求できるとしています。

商圏侵害に対する規制

最後に、本部が加盟店の近隣に新しい加盟店や直営店を新設すること等による商圏侵害の問題については、アメリカのアイオワ州フランチャイズ法が、契約の規定に関係なく、影響を被る加盟店に損害賠償請求権を保障しています。すなわち、本部が既存加盟店の近隣に同系の加盟店又は直営店を新設することによって、新設後の一年間の加盟店の総売上が前年度平均より五％以上低下した場合は、その店舗を同一の条件で最初に当該加盟店に提供した場合、又は仲裁等の紛争解決手続に付した場合を除いて、影響を受けた当該加盟店は、減少した利益の部分から先の五％

の額を除いた金額の三年分を限度とする損害賠償を請求できるとしています（同法第六条）。もっとも、これでは、本部は既存加盟店に新設店舗の契約を申し出さえすれば、損害賠償責任を免れるため、既存加盟店にはあまりメリットがありません。そのため、連邦の小企業フランチャイズ法案では、本部の免責を認めない形での、商圏侵害に対する損害賠償請求権が提案されています。

五　結びに代えて

現在の日本では、かつてのマレーシアと同様にフランチャイズに対する規制が事実上存在せず、野放しとなっている状態を、節操のない本部が最大限に利用しているといえましょう。その結果として、本部は、不当勧誘によって自己に一方的に有利なフランチャイズ契約を加盟店と締結することが可能であり、加盟店に利益が出なくても、それを契約した加盟店の自己責任として突き放し、加盟店の巧みな分断統治によって莫大な収益を上げてきたといえるのではないでしょうか。

構造改革が叫ばれる中で、リストラで会社を辞める人や転廃業する中小企業を中心に加盟店希望者は今後も増えることが予想されますが、これらの人々がフランチャイズ契約で再び被害を受けないためのセーフティネットとしても、共存共栄の本来の理念に基づくフランチャイズ適正化法の一刻も早い制定が望まれます。

Ⅳ フランチャイズ取引適正化への提言

フランチャイズ取引適正化法研究会

提案にあたって

コンビニなどを典型とするフランチャイズ取引において、本部と加盟店が真に対等平等で、共存共栄できる関係になっていくためには、当事者間の努力に期待するだけでは不充分です。どうしても法律的に改善する手立てを考えなければなりません。

こうした問題関心から、コンビニ・フランチャイズチェーンの取引契約研究や、外国のフランチャイズ法制の研究を行ってきた経済法研究者五人が集まり、二〇〇〇年一二月に「フランチャイズ取引適正化法研究会」を立ち上げ、法律案要綱の検討を続けてきました。

フランチャイズ取引における本部と加盟店との関係を適正なものにしていくためには、どのような手立てが必要なのか。それは法律的なルールとしてどのように具体化されるか。コンビニなどのフランチャイズ取引で現実に生じている問題を念頭に置きながら、それを形にしたものが、ここに発表する「フランチャイズ取引の適正化に関する法律案要綱」です。

すでにこれまで、コンビニ契約の話を通じて明らかにしましたように、フランチャイズ事業は本部の強い指導力の下で展開されるという本質的な性格を持ち、加盟店には不利益が押し付けられることが多いという事情があります。そのためこの要綱は、本部が守るべき義務や本部の行為規制を中心とした組立てになっています。

具体的には、この要綱は第一～第二七から構成され、大きく七つの部分に分けることができます。

「(一) 総則」には、法律の目的や定義が置かれています。

「(二) 勧誘時の本部の義務」では、加盟店希望者が契約を締結する上で、正確で十分な情報を提供され、真の意味での「自己責任」を取れるようにするために、加盟店希望者はいまだ事業者ではなく、フランチャイズシステムという商品を購入しようとしている消費者であるという視点から、制度を構想しています。例えば、本部が加盟店希望者に知らせるべき情報にはどのようなものがあるのかを明確にし、情報の示し方にもルールを設けています。また契約書の届出制を採用し、不当な勧誘行為や誇大広告なども禁止しています。

「(三)契約締結の取消し等」には、契約の無条件取消し（いわゆるクーリング・オフ）や加盟店からの中途解約の定めを置いています。

「(四)契約の条項の無効」では、フランチャイズ契約の内容として加盟店にとって著しく不利で不当なものを八項目にわたって取り上げ、これらを無効として扱うことにしています。営業を不当に拘束する条件、過度の守秘義務、加盟店の利益を害する本部による自由出店、過度のロイヤリティ支払いなどが含まれます。特に、「二四時間年中無休」については、加盟店が見直せるようにしました。

「(五)本部の行為の制限等」では、本部が加盟店との取引に際して守るべきルールを六項目にわたって定めています。加盟店の商圏を保障すること、仕入価格を開示すること、解約権を濫用しないこと、加盟店の地位向上などの自主的活動を保障することなどが含まれます。

「(六)行政措置」では、関係行政機関がフランチャイズ取引改善のために一定の措置を取り得ること、法律違反を是正するための加盟店などによる措置請求権、苦情処理体制の整備などが定められ、「(七)罰則」では、この法律違反に対する罰則を定めています。

この要綱提案の目的はフランチャイズ取引の健全な発展であり、本部と加盟店が言葉の正しい意味で「対等平等な立場」に立ち、「共存共栄」することです。これを素材として、各界各層でフランチャイズ取引健全化のための議論が深化することを願ってやみません。

フランチャイズ取引適正化法研究会

（本間重紀　元静岡大学教授）
岡田外司博　駒澤大学教授
近藤充代　日本福祉大学助教授
山本晃正　鹿児島国際大学教授
若林亜理砂　静岡大学助教授　（五〇音順）

「フランチャイズ取引の適正化に関する法律案要綱」

（一）総則

【第一　目的】

この法律は、フランチャイズ事業の本部（以下、「本部」という。）と加盟店との間の情報の質及び量、交渉力並びに経済力の格差にかんがみ、本部の守るべき事項を明らかにし、加盟店が一定の場合に契約の申込や締結を取り消すことができることとすると共に、加盟店の利益を不当に害することとなる条項の全部又は一部を無効とすること等により、本部と加盟店との間の取引を公正で適正なものとし、もって国民経済の民主的で健全な発展に寄与することを目的とする。

【第二　定義】

1　この法律において「フランチャイズ事業」とは、本部が加盟店との契約に基づき、特定の商標、商号その他の表示を使用させて事業を行う権利を加盟店に与え、かつ、経営に関する指導を行う事業であって、加盟店から加盟金、保証金その他の金銭を徴収するものをいう。

2　この法律における「加盟店」は、個人又は法人のうち、中小企業基本法第二条第一項に定める中小企業者の範囲に該当するものに限ること。

（二）勧誘時の本部の義務

【第三　加盟店希望者に対する書面等の交付義務等】

1　本部に対し、加盟店希望者との契約日の一四日前までに、以下の必要事項を明瞭かつ分かり易い言葉で所定の様式にしたがって記載した書面、フランチャイズ契約書と付随文書を、加盟店希望者に無償で交付し、それらの記載事項について説明することを義務付けること、及びその際に、この法律の写しを交付することを義務付けること。

1) 本部の名称、住所、電話番号、法人にあっては代表者の氏名
2) 本部の資本の額又は出資の総額及び主要株主の氏名又は名称並びに他に事業を行っているときは、その種類
3) 本部のフランチャイズ事業の開始時期
4) 加盟店の指導援助を担当する部局の責任者や実際の担当者の氏名、役職、連絡先
5) 本部のフランチャイズ事業の過去五年間の実績、直営店数と加盟店数の推移
6) 加盟店希望者の開業する地点に最も近い加盟店一〇店の名称、住所、電話番号
7) 最近一年間に、本部が解約又は更新拒絶した加盟店の数と、自ら解約又は更新拒絶した加盟店の数
8) 過去一〇年間に本部が被告又は原告となった全ての訴訟歴等
9) フランチャイズ契約（以下、「契約」という。）締結の前後に、加盟店（加盟店希望者を含む）が本部に支払わなければならない加盟金、保証金その他全ての金銭の種類、名称、支払時期、金額若しくはその計算方法
10) 加盟店に対する商品の販売条件
11) 本部が行う経営指導の内容
12) 加盟店に使用させる商標、商号その他の表示
13) 加盟店の店舗の構造又は内外装について加盟店に特別の義務を課すか否か、課す場合には、その内容

14) 加盟店が契約の下で営業していく上で負担しなければならない費用項目、その項目ごとの合理的な根拠に基づいた一ヶ月間の見積額若しくはその計算方法
15) 加盟店から定期的に徴収する金銭の名称、根拠、その根拠ごとの額又は計算方法及びそれが年間売上高に占める割合
16) 本部と加盟店との間で締結される金銭消費貸借契約について、本部又は加盟店が負うべき債務の年利、弁済期、及び遅延損害金
17) 本部が、加盟店から預かり金その他いかなる名目をもってするかを問わず、売上金の全額若しくは相当部分の送金を受ける場合には、利子支払いを含むその内容
18) 加盟店が契約に違反した場合に負うべき制裁金、損害賠償等の額が予定されているか否か、予定されている場合には、その額若しくはその計算方法
19) 加盟店が本部から購入又は賃借を要求され、若しくは推薦されている全ての商品及び役務、及び加盟店が購入又は賃借を制限されている全ての商品及び役務
20) 契約の期間、本部及び加盟店が契約を契約期間満了前に解約する場合の条件及び契約期間満了後に更新拒絶する場合の条件
21) 加盟店が契約期間中若しくは終了後に負わなければならない競業避止義務の有無、義務のある場合にはその内容
22) 本部が加盟店に一定地域における独占的販売権を与える場合には、その地域の範囲
23) 加盟店が契約期間中若しくは終了後に負わなければならない守秘義務の有無、義務のある場合にはその内容

2　本部が加盟店希望者を勧誘するに際して、売上見込み、利益見込み、費用見込みを示す場合には、それぞれの合理的な根拠を明示すると共に、必ず書面で行い、かつ、売上、利益、費用の額を保証するものでない旨を明示することを義務付けること。

3　前項の見込みを示さない場合には、示さない旨を交付する書面の中で明示することを義務付けること。

4　本部は、加盟店との間の契約を更新しようとする場合には、更新する一四日以上前に、第一項に定める書面を加盟店に無償で交付しなければならないとすること。

5　本部は、契約書その他の書類の中において、契約当事者双方が十分に合意の上で契約を締結した旨を、予め記載してはならないとすること。

【第四　契約書の届出】

1　本部に、加盟店との間で使用している全ての契約書を、経済産業省又は公正取引委員会に届け出ることを義務付けること。

2　届け出られた契約書については、一般人の閲覧複写を認めること。

【第五　勧誘に際しての禁止行為】

1　本部は、加盟店希望者を勧誘するに際して、重要事項について事実を告げず、又は不実のことを告げてはならないとすること。

2　本部は、加盟店希望者を勧誘するに際して、将来の変動が不確実な事項について、断定的な判断を提供してはならないとすること。

3　本部は、契約を締結した後でなければ、いかなる名目であれ、加盟店希望者から金銭を徴収してはならないとすること。

4　加盟店は、契約締結の日から一年以内に、前項1～3に該当する事実を理由として、当該契約の締結を取り消すことができるとすること。この場合、本部に対する加盟店の損害賠償請求を妨げるものではないとすること。

【第六　誇大広告等の禁止】

本部は、加盟店希望者を募集するための広告において、著しく事実に相違する表示をし、又は実際のものよりも著しく優良又は有利であると人を誤認させるような表示をしてはならないとすること。

（三）　契約締結の取消し等

【第七　無条件の契約の解除】

加盟店は、契約の締結の日から起算して一四日以内であれば、無条件で契約の解除を行うことができるとすること。

【第八　中途解約】

1　加盟店は、前条の期間経過後においても、三〇日の予告期間をおいて、将来に向かって当該契約を解除することができるとすること。

2　前項の場合において、本部は加盟店に対して、実際に受けた損害の額を超えて損害賠償等を請求できないとすること。

（四）　契約条項の無効

【第九　事前了解事項を排除する条項の無効】

契約締結の過程で交わされた了解事項を予め排除する条項は無効とすること。

【第一〇　本部の損害賠償責任を免除する条項の無効】

1　本部の債務不履行により加盟店に生じた損害を賠償する責任の一部又は全部を免除する条項は無効とすること。

2　本部の不法行為により加盟店に生じた損害を賠償する責任の一部又は全部を免除する条項は無効とすること。

【第一一　加盟店が支払う損害賠償の額を予定する条項の無効】

1　契約の解除に伴う損害賠償の額を予定し、又は違約金を定める条項において、本部に生ずる実際の損害額を超える部分は無効とすること。

2　契約違反を理由とする損害賠償の額を予定し、又は違約金を定める条項において、本部に生ずる実際の損害額を超える部分は無効とすること。

【第一二　加盟店の事業活動に不当な拘束条件を付する条項等の無効】

1　加盟店の事業活動に不当な拘束条件を付する条項は無効とすること。

2　本部が取引上の地位が加盟店に優越していることを利用して、正常な商慣習に照らして不当に加盟店に不利益を与える条項は無効とすること。

3　加盟店の営業日、営業時間に関する契約条項については、契約締結後六ヶ月を経過した場合には、加盟店側の申出により見直しうるとすること。

4　前項の場合、加盟店の申出に係る新しい営業日が年間五二日間を超えない休業日を確保し、又は毎日の営業時間が少なくとも午前七時から午後一一時までの営業を約するものである場合には、本部はその申出を拒絶することができないとすること。

【第一三 必要の程度を超えた守秘義務を加盟店に課す条項の無効】

不正競争防止法二条四項に定める営業秘密を超えて、加盟店に守秘義務を課す条項は無効とすること。

【第一四 加盟店の自由な出店等を禁止する条項の無効】

1 加盟店が、契約期間中に他の本部の加盟店となることを禁止する条項は、不正競争防止法二条四項が規定する営業秘密を保護するために必要不可欠である場合を除き、これを無効とすること。

2 加盟店が、契約終了後に他の本部の加盟店となることを禁止または制限する条項は、これを無効とすること。

【第一五 過度のロイヤリティの支払いを加盟店に義務付ける条項の無効】

1 加盟店が本部に定期的に支払うべきロイヤリティの額を定める条項については、加盟店の月間売上額に換算して、業種ごとに別に定める割合を超える部分については無効とすること。

2 前項を超えて加盟店により支払われたロイヤリティについては、本部は直ちに加盟店に返還しなければならないとすること。

【第一六 当事者間の紛争を管轄する裁判所を不当に制限する条項の無効】

本部と加盟店との間の紛争を管轄する裁判所を予め約する場合、合理的な理由がないのにこれを本部所在地の裁判所に限るなど不当に制限する条項は無効とすること。

(五) 本部の行為の制限等

【第一七 加盟店の商圏の保障】

1　本部が加盟店を出店させ、若しくは直営店を出店することにより、その出店場所の近隣地域に所在する既存加盟店の商圏を害することとなる場合には、当該加盟店と充分な協議の上、適切な補償を行わなければならないとすること。

2　加盟店の所在する地点から半径五〇〇ｍ以内への出店は、前項の近隣地域の既存加盟店の商圏を害することとなる場合に該当するものとみなすこと。

3　前二項の定めに反し、加盟店に不利な契約条項は無効とすること。

【第一八　加盟店に対する仕入価格の開示】

本部が加盟店の仕入れを代行している場合、加盟店から要求があれば、本部は仕入価格を加盟店に示さなければならないとすること。

【第一九　公正かつ妥当な価格を超える対価での商品又は役務の販売等の禁止】

1　何人も、加盟店に対して物品を販売又は賃貸し若しくは役務を提供する場合に、公正かつ妥当な価格を超える価格を対価として要求してはならないものとすること。

2　前項における公正かつ妥当な価格とは、本部と提携関係のない独立の事業者から直接当該物品を購入又は賃借し若しくは直接当該役務の提供を受ける時に通常支払うべき価格とすること。

3　公正かつ妥当な価格を超える対価の支払を義務付ける契約条項は、公正かつ妥当な価格を超える部分について無効とすること。

【第二〇　貸付を行う場合の書面による同意】

一定の条件を満たすと、個別の資格等の審査を要することなく本部が加盟店に貸付を行うこととなる旨が、契約の条件に含まれている場合、当該貸付を実際に行う度ごとに、本部は加盟店の同意を書面で得なければならないとすること。

【第二一　本部の解約権行使の制限等】

1　契約期間中に本部の側から解約するには、正当な事由がなければならないとすること。

2　本部の営業戦略の変更その他の経済的理由は、前項の正当な事由とみなさないとすること。ただし加盟店に対して十分な補償がなされる場合にはこの限りではないとすること。

3　本部が契約の更新を拒絶するには、正当な事由がなければならないとすること。

4　前1項又は3項の場合、本部は二ヶ月以上前に予告しなければ、解約又は更新拒絶することができないとすること。

【第二二　加盟店の地位向上活動等の保障】

本部は、加盟店が他の加盟店若しくは他のフランチャイズの加盟店と協力して行う地位向上若しくは相互扶助のための行為を妨げてはならないとすること。

(六)　行政措置

【第二三　指示】

主務大臣は、本部が第三から第六までの義務に違反した場合には、必要な措置をとるべきことを指示できるとすること。

【第二四　業務の停止等】

主務大臣は、本部が第三から第六までの義務に違反した場合で、取引の公正が著しく害されるおそれがある場合、又は前条の指示に従わない場合には、一年以内の期間に限り、業務の一部又は全部の停止を命じることができるとすること。

【第二五　主務大臣による措置の請求】

1　何人も、この法律に違反する事実があると思料するときは、主務大臣に対し、その事実を報告し、適当な措置を取るべきことを求めることができるとすること。

2　前項の報告があったときは、主務大臣は必要な調査を行い、その結果について理由を付して報告者に通知するとすること。

【第二六　苦情処理】

国は、本部と加盟店（加盟店希望者を含む）との間のフランチャイズ取引に関して生じた苦情を適切かつ迅速に処理するために必要な体制を整備するよう努めるものとすること。

（七）罰則

【第二七　罰則】

以下の場合には、罰則を設けること。

1）第三の1項に定める書面等の交付を怠った場合、若しくは書面等に虚偽の記載を行った場合

2）第四の定めに違反して届出を怠った場合、若しくは虚偽の届出を行った場合

3）第五の1項～3項の定めに違反して禁止行為に該当する行為を行った場合

4）第六の定めに違反して誇大広告等を行った場合

5）第二二の定めに違反して、加盟店の活動を妨害した場合

6）第二三の指示若しくは第二四の業務停止命令に違反した場合

あとがき

　このブックレットの発行は、第Ⅳ章の法律案要綱発表が契機でした。そして、この要綱の作成は静岡大学の本間重紀先生の発案により、二〇〇〇年一二月に開始されました。先生ご自身は深刻な病魔と闘われていましたので、検討のための研究会は、三回を先生が入院中の病院で行いました。先生は病院の談話室や病室で、酸素吸入器をつけて臨まれ、最終案確定の一歩手前まで積極的に関与されたのです。

　これと並行して先生は、一九九九年に編集・発行された『コンビニの光と影』（花伝社）に続く第二弾を企画中でした。前回よりも一層「市民向け」の普及版とし、外国法研究も盛り込まれたものだったのです。

　ところが長い闘病生活で体力を使い果たされたかのように、二〇〇一年五月六日に不帰の客となられました。残された我々は悲しみと衝撃で呆然となったのですが、いつまでも法律案要綱などをそのままにしておくことはできません。とにかくコンビニオーナーの意見も聴き、内容を調整してほぼ完成させました。

　その上で『コンビニの光と影』の発行でご尽力いただいた花伝社の平田社長にご相談したところ、ブックレット形式で発行してはという提案があり、最終的に発行を決めて本文の執筆にかかったのは六月末でした。花伝社の全面協力なくしては実現不可能な企画であり、花伝社と平田社長には心から感謝しています。また、コンビニ・ＦＣ加盟店全国協議会の植田さんにも一文を寄せていただきました。この場をかりてお礼申し上げます。

このブックレットは本間先生の発案と企画がベースであり、先生なくしては発行もありえませんでしたので、当然に編者として本間先生の名前を掲げました。先生は苦笑いされるかもしれませんが、これはコンビニ企画第二弾だと思っています。このブックレットが一人でも多くの方に読まれ、コンビニ問題を改善する何がしかの役に立つのであれば、望外の喜びです。

（山本記）

本間重紀（ほんま・しげき）
1944年生。新潟県（佐渡）出身。
1968年　東京大学法学部卒。
東京大学社会科学研究所助手、静岡大学人文学部講師、助教授を経て、静岡大学人文学部教授。
2001年5月6日死去。
専攻　経済法、独禁法、商法
主要業績　『コンビニの光と影』（編著、花伝社）、『暴走する資本主義』（花伝社）、『企業結合と法』（共著、三省堂）

山本晃正（やまもと・てるまさ）
1953年生。愛知県出身。
1988年　早稲田大学大学院法学研究科博士後期課程（民事法学専攻、経済法専修）満期退学。
鹿児島経済大学（現鹿児島国際大学）経済学部専任講師、助教授を経て、現在、鹿児島国際大学経済学部教授。
専攻　経済法、中小企業法
主要業績　「1990年代の独占支配と市場・法」法の科学30号、「コンビニ契約の解約」「コンビニ契約の法規制」（上記『コンビニの光と影』）、「地域商業活性化の法と現実――特定商業集積整備法の機能」（鹿児島経済大学地域総合研究所編『ボランタリー・エコノミーと地域形成』日本経済評論社）

岡田外司博（おかだ・としひろ）
1958年生。石川県出身。
1988年　東京大学大学院法学政治学研究科民刑事法専門課程満期退学。
静岡県立大学国際関係学部専任講師、金沢大学法学部助教授、駒澤大学法学部助教授を経て、現在、駒澤大学法学部教授。
専攻　経済法、独禁法
主要業績　『新現代経済法入門』（共著、法律文化社）、『変動期の国際社会』（共著、北樹出版）、「アメリカのディーラー法についての管見」日本経済法学会年報16号

コンビニ・フランチャイズはどこへ行く

2001年11月 1日　初版第1刷発行
2009年 2月18日　初版第2刷発行

著者 ―― 本間重紀
山本晃正
岡田外司博
発行者 ―― 平田　勝
発行 ―― 花伝社
発売 ―― 共栄書房
〒101-0065　東京都千代田区西神田2-7-6 川合ビル
電話　03-3263-3813
FAX　03-3239-8272
E-mail　kadensha@muf.biglobe.ne.jp
URL　http://kadensha.net
振替　00140-6-59661
装幀 ―― 神田程史
絵 ―― 遠藤由紀
印刷・製本 ― 中央精版印刷株式会社

ISBN978-4-7634-0374-2 C0036